ANGOLA
TEMPOS DIFÍCEIS
1

Chicamba

Grosvenor House
Publishing Limited

This book is published by
Grosvenor House Publishing Ltd
Link House
140 The Broadway, Tolworth, Surrey, KT6 7HT.
www.grosvenorhousepublishing.co.uk

A CIP record for this book
is available from the British Library

ISBN 978-1-78623-419-3

A PRIMEIRA VERSÃO DESTE
LIVRO FOI PUBLICADO EM
INGLÊS EM 2017
TITULADO
'ANGOLA HARD TIMES 1'

CONTEÚDO

1 – INTRODUÇÃO   1

2 – REINOS DE ANGOLA   3

3 – IMPÉRIO PORTUGUÊS   11

4 – IMPÉRIO BRITÂNICO   24

5 – REVOLUÇÃO AFRICANA   32

6 – REVOLUÇÃO ANGOLANA   39

7 – M.P.L.A. U.N.I.T.A. e F.N.L.A.   49

8 – O PRIMEIRO DITADOR   59

9 – AGRADECIMENTOS....   70

10 – REFERÊNCIA   71

INTRODUÇÃO

Angola Tempos Difíceis 1, será seguidos por Angola Tempos Difíceis 2, o politico, escritor e poeta Chicamba vai mostrar-vos passo-a-passo os acontecimentos da vida quotidiana do angolano nos anos antes dele nascer e depois. Creio que, ao partilhar os tempos difíceis do seu país, Angola, esta a cumprir a sua parte do plano de Deus na terra, a história centra-se na vida dos africanos de Angola, que sofreram uma epidemia de sofrimento desde os tempos passados. Esta história é uma parte importante da sua vida que retrata uma epidemia de revoluções no mundo.

No século XVIIII, o continente africano começou a mudar, parando a escravidão do povo Africano para os impérios. As revoluções africana devastaram o continente e conduziram-nos às guerras civís; em particular Angola ainda, vivemos em tempos muito difíceis por causa das consequências da guerra.

Os angolanos(a) são testemunhos(a) de todos os acontecimentos que mudaram a sua cultura, literatura, etnia e mitologia, para as visões judaico-cristãs. Dominação imperial obrigou os governos a seguir a sua literatura, cultura e mitologias e este livro, Angola Tempos Difíceis 1, está registrado a nossa vida quotidiana antes dos impérios chegarem à África.

Os negros sempre viveram e ainda vivem em desvantagem, somos vítimas de nós mesmos, por causa da má administração e o politico, escritor e poeta Chicamba esta partilhar a história com o mundo inteiro porque é baseada na vida real. Ele quer deixar saber aos leitores que é um prazer compartilhar os seus pensamentos novamente com vocês. Juntos, seremos uma parte do mundo maravilhoso dentro deste livro, começando em primeiro lugar com reinos dentro de Angola. No capítulo três será a dominação do

1

império português, como sabemos o que fizeram para conquistar Angola e as suas construções.

O império britânico está no capítulo quatro, onde aprenderemos sobre a sua contribuição através do Estados Unidos da América. No capítulo cinco serão as revoluções africanas; aprenderemos sobre a luta pela independência no continente africano, e também discutiremos a estratégia do império português para permanecer em Angola. No capítulo seis é a revolução angolana, onde aprenderemos como Angola alcançou a independência. Angola, estava entre a revolução da epidemia africana com muitos movimentos. Mas os movimentos que marcaram a história são; MPLA (movimento popular de libertação de Angola), FNLA (frente nacional para a libertação de Angola) e UNITA (União Nacional para a independência total de Angola). No capítulo sete, exploraremos o desacordo entre o MPLA, UNITA e FNLA que levou à guerra, no capítulo oito discutiremos o primeiro ditador e início da guerra, que foi a responsabilidade do MPLA com a influência do império português.

Portanto, o politico, escritor e poeta Chicamba ofereci os seus agradecimentos ao mundo que foi uma parte da sua vida quando nós acreditamos no nosso trabalho. Escrever este livro foi uma bênção de Deus que, começou no céu e mostrando através dos livros que ele léu, Deus enviou a sua sabedoria para a terra para que tenhamos um sentido significativo em nossas vidas. Este prazer ele oferece aos seus leitores(a), explorando a bênção de Deus dentro dos seus livros que nós nunca queremos perder na terra.

No entanto, ele quer que os seus leitores(a) saibam que só mencionou Deus depois de discutir o império português. Antes disso, ele só referia ao nome do criador do universo, porque antes dos impérios chegarem em África, chamavamos Deus pelo nome do criador do universo na língua dos povos negros. Além disso, ele ou ela é o criador do universo antes dos impérios chegarem ao continente africano, que na qual seguimos a luz do sol na vida cootidiana com excelente sorte e alegria a Deus.

OS REINOS DE ANGOLA

A vida cootidiana dos reinos do Congo, Fiote, Mucubai, Bailundo, Kuanhama, Nhaneka, Nganguela, Tututchokwé, Kimbundu e mais, foi jubilante e alegre entre os negros, porque sua crença foi muito bem organizada no continente africano através da conexão com o criador do universo.

Assim, podemos considerar que o povo negro é o povo original do criador do universo. Os reinos do Congo, Fiote, Mucubai, Bailundo, Kuanhama, Nhaneka, Nganguela, Tututchokwé e Kimbundu, tinham muito conhecimento e poder do criador do universo. Eles controlaram os espíritos, almas e corpos de seres vivos para fazer o que queriam, e essas habilidades ajudaram-lhes a falar com o criador do universo. Além disso, eles tinham habilidades para apoiar a sua cultura, fazendo o seu artesanato em ferro, bronze, prata, madeira, e excelentes pinturas.

Neste período, os povos foram conduzidos pela luz solar para terminar sua rotina diária e passaram o seu tempo seguindo o sol em todas as suas atividades. Eles acreditavam que o poder do espírito ajuda em tudo que queremos na vida física, eles faziam chuver e parar de chuver todavia, seguiram o que o espírito do criador queria ao longo das suas vidas. Entre eles estavam apenas as pessoas negras e aprenderam com as instruções do criador. Eles exibiam sua literatura a respeito do seu criador, e isso foi baseado no conhecimento espiritual. Havia um vínculo amável entre o criador e o povo negro que existia em suas tradições, eles também trocaram experiências diárias com outros reinos em torno do continente africano.

Os reinos dedicaram as suas heranças à antiguidade, por causa da conexão com a vida espiritual. Esse poder era parte da sua educação, que aprenderam sobre a vida espiritual, ganhando habilidades de caça e aprimorando as suas habilidades. Cada reino seguia os seus métodos, conseguiam mover rios e reconstruir as suas especificações. No entanto, é difícil entender o poder espiritual usado mas, eles comemoravam os seus rituais rezando nas cerimônias. Os negros deram graças ao criador em tudo em suas vidas, para ajudar o seu povo com o poder espiritual, porque tinham uma conexão com o espírito. Esse conhecimento espiritual em suas mãos foi a chave para a vida e acreditavam que a vida física e espiritual deveria ser mantido, ungido e unido. De acordo com as crenças, os reinos tinham habilidades para tratar qualquer tipo de doenças física e espiritual, portanto, qualquer doença poderia ser responsabilizada por um espírito mau e consequentemente a oração curava certas doenças, tudo o que foi necessário era simplesmente a proteção de qualquer espírito humano.

As folhas das árvores curavam todos os ferimentos ou enfermidades, também foram usados algumas raízes. É importante ver todas as árvores na terra seja esta qual for e se dá fruto ou não, o interressante e imporante é acreditar que o criador criou por uma razão. Anteriormente, crucificavam os animais para realização de rituais em nome do criador, porque acreditavam que estariam conectados a milagres na vida. As práticas de rituais faziam entender as pessoas que sempre que praticassem seriam bem-sucedida na vida. Qualquer ritual resultava em milagres, através do espírito em que acreditavam, tinham verdadeiras conexões com o criador. Assim, não podemos viver sem crença na terra que, eram visto como o mesmo o criador. Estes rituais ajudou-os a serem bem-sucedidos na vida, o que os fez crer muito no criador e exploraram todo o conhecimento do rei do universo.

A nova geração também explorou esses rituais rezando ao redor da fogueira durante todas as noite. Os mais jovens ouviam e aprenderam sobre a cultura, literatura e tradição nas festas cantadas por negros e isso foi visto em todo mundo como uma grande magia. Os reinos do Congo, Fiote, Mucubai, Bailundo, Kuanhama, Nhaneka, Nganguela, Tututchokwé e Kimbundu sabiam muito bem como lidar com o poder espiritual. Eles exibiam as tradições orais em todas as noites dançando ao redor da fogueira, o sol aparecendo, desaparecendo e a fogueira em cinzas. O novo dia era saudado pelas as pessoas dançando.

As cerimônias estavam cheia de energia, movida nos rituais e na prática para mostrar a todos a luz do criador. Os rituais nas cerimônias mostraram que a vida tem significado para explorar neste mundo, que apenas os fracos ignoravam. As cerimônias no meio da noite durante os tempos difíceis trouxeram esperança, ninguém se preocupava o que poderia acontecer se vai desaparecer um dia. Mas, o mais importante era desfrutar os momentos de partilha nas festas em torno da fogueira. Isto foi provado nas noites em que os anciãos nomeariam aqueles que eram fortes para se tornarem chefes do reino. Os anciãos observavam a nova geração forte e sentiam seu próprio cansaço. Eles sempre foram acreditados e compartilharam a história perfeita com suas comunidades, nas noites os mais jovens nunca dormiam ou mostravam qualquer fraqueza, se eles cometesse; os anciãos poderiam excluí-los da fogueira. Aqueles que foram posto de parte da fogueira teriam que morrer, porque os anciãos acreditavam que eles tinham maus espíritos e isso iria afetar o proximo.

O poder e a prática dos rituais mostraram como as pessoas negras viviam em seus reinos, infelizmente as mulheres viviam excluídas dos seus reinos. Os reis que não tinham filhos masculinos colocavam suas filhas como o chefe do grupo ou rainha. Então, ambos podem ser excluídos das festas ao redor da fogueira. Os rituais ficavam sempre animados, quentes e a batida dos tambores falavam qualquer língua dentro dos corações dos seres vivos. As pessoas compreendiam a linguagem dos tambores que na qual tiveram bons momentos com o criador.

Os anciãos bêbados, os homens mais jovens dançando e as mulheres mais velhas ensinavam as moças a preparar as refeições. Os bebês choravam nas noites em que havia festas ao redor da fogueira, sabendo que um dia seriam eles a dançar ao redor da chama da fogueira.

Todos eles sentiam o conforto do criador, mesmo sem saber que horas eram ou sem saber as horas de dormir e nenhum deles sabia a sua data de nascimento. Eles acreditavam que nasceram no tempo de chuva, sol ou colheitas. O criador mostrou o seu amor, sem qualquer confusão em seus corações, os reinos sabiam que tinham um bom relacionamento com o criador. O rei do universo sabia que sua criação era apreciada por causa da obediência entre os reinos. O povo inventou novas habilidades e havia uma grande riqueza na terra mas, foi o poder espiritual que permitiu que os reinos aumentasse a produção em África. O continente africano tornou-se a casa dos seres viventes. Os negros viajavam em torno de outros reinos vendendo as suas artes pelo mundo, sem qualquer intenção de perturbar outros seres humanos porque acreditavam que a terra pertence ao criador do universo.

O conhecimento do espírito levou os reinos a viverem uma boa vida, porque seguiram a luz do sol onde tudo começava e terminava. Além disso, eles eram como astrólogos e antropólogos no mundo, porque o poder espiritual os fez muito respeitosos. Outras partes do mundo acreditavam que o povo negro em África tinha muito poder. Eles viram o poder misterioso dos rituais africanos, e o dom espiritual de prever o futuro. Este dom trouxe-lhes grande prazer, como eles poderiam prever o futuro como fizeram os profetas na Bíblia, cada pessoa nos reinos tentavam aprender com os espíritos como se proteger. Os reinos seguiam as pegadas deixadas pelos seus antecessores em festas nos rituais, estes vestígios eram uma parte importante da sua mitologia. Na mitologia, usaram sangue, espíritos e corpos de seres humanos em certos rituais. Muitas pessoas morriam nas mãos dos reis ou qualquer um que tinha esse poder espiritual, misturado com a mitologia.

Os reinos usavam mal o poder espiritual do criador nos rituais, que mudaram os seus caminhos e em particular os reis, enviavam muitos maus espíritos para perturbar muitas comunidades, a fim de controlar. Os reinos tornaram-se muito poderoso no continente africano, as lutas deram-se início pelos reinos, que aumentaram os problemas regionais do tribalismo e outros reinos tiveram que se proteger.

Os reis mas fracos foram mortos e seus corpos, sangue e espíritos usados nos rituais, as pessoas que estavam doentes contratavam alguém que poderia remover os maus espíritos dos seus corpos.

O poder espiritual tornou-se um negócio muito valioso e rentável. Os reis tinham espiões entre as populações, e eles foram informados de que muitas pessoas tinham o poder espiritual. Algumas pessoas chamavam-lhes fetichistas, mágicos e profetas. Os fetichistas enviavam maus espíritos e os profetas os removiam, os reinos levavam para longe os corpos daqueles que haviam sido enviados maus espíritos, os magicos eram e ainda são como fetichistas ou profetas. Mas, hoje em nossa sociedade, eles são chamados de Kimbandeiro. Os mágicos modernos separam-se do fetichismo e das profecias, talvéz evitam espíritos, sangue, e os corpos humanos. Os mágicos se apresentam em lugares públicos, como a praça, para permitir que todos vejam e paguem pelo espetáculo. Eles têm o respeito do mundo por causa da conotação do nome, o que significa menos problemas na comunidade em comparação com fetichistas e profetas. No entanto, todos eles às vezes requerem sangue, espíritos e corpos de pessoas ou animais, assim como os reinos dentro da Bíblia.

Os reinos têm tido muito poder espiritual em suas mãos, e eles faziam o que querem, ao invés da vontade do criador. O criador viu como seus dons estavam sendo usados pelos reinos e decidiu distanciar-se, os povo sentia-se muito triste quando o criador os abandonou. Os reinos perderam completamente a conexão com o rei do universo, divididos e não queriam misturar-se com os outros. Os rituais aumentaram, usando sangue, espíritos e corpos de seres humanos para ver se o criador voltasse a falar com eles. Sem qualquer resposta, as crenças, rituais, cerimônias e mitologia africana foram muito mal desacreditadas. Os reis pararam de cuidar do seu povo e os rituais continuavam usando corpos, eles pensaram que isso convencesse o criador a voltar falar com os negros. Os povos tornaram-se invejosos daqueles que tiveram a habilidade espiritual e queixavam-se aos reis sobre sua infelicidade.

Os reis pararam de escutar as suas comunidades, todos reclamaram dos rituais o sangue, os espíritos, os corpos e as almas dos seres humanos estavam a se tornar inúteis.

A população começou a chamar os reis de fetichistas e mágicos, porque eles sabiam que estavam a fazer isso só para serem ricos. Os reis usaram os seres humanos nos rituais e isto tornou-se uma desculpa para matar as pessoas pelo seu desejo. Eles usavam os rituais tradicionais para matar as pessoas e aumentar as suas riquezas. A situação piorou quando muitas pessoas morreram pelas mãos dos reis. Eles tinham muitos filhos e netos, mas eles dormiam com mulheres menores de idade, aquelas mulheres vistas como grandes, belos corpos e seios. Os reis e seus funcionários estupravam e muitas crianças eram vítimas, as pessoas acreditavam que suas filhas eram vítimas dos reis, os pais tinham de obedecer ao que os reis queriam fazer com seus filhos para satisfazer seus espíritos nos rituais. A fim de sobreviver a todos que aprenderam a usar espíritos nos rituais para matar os outros. Os corações e as mentes dos povos tinham mudado e o continente africano tornou-se mau visto e os negros só lutam entre si, às vezes sem razão de ser.

África tornou-se um lugar muito perigoso para se viver, as crianças foram acusadas pelos fetichistas, e a população acreditava que seus corpos tinham maus espíritos e eles foram mortos pelo povo em nome do criador. O reino do Congo controlou muitos reinos em África, como podemos ver no mapa abaixo, uma parte do o reino do Congo agora modernamente chamada Angola.

EXTENSÃO DO REINO DO KONGO NO SÉCULO XVI

HISTÓRIA DE ANGOLA, MINISTÉRIO DA EDUCAÇÃO DA R.P.A.

Enquanto isso, muitos povos em África foram mortos por seus reis, estuprados e vendidos na escravidão a outros reinos. As pessoas foram vendidas e enviadas para o norte da África, no império Árabe, onde os rituais se tornaram crenças, seguidos por muitas pessoas. Os reis desrespeitavam as suas comunidades e as pessoas tinham de fugir para os outros reinos e salvarem as suas família. Por vézes, os reis eram todos iguais, então a única opção de alguns grupos era ficar no mato e criar a sua própria comunidade. Como as tribos de Kimbundu, Tututchokwé, Fiote, alguma parte de Nganguela e mais, têm a sua herança ou raízes no reino do Congo. As tribos de Mumuila, Camuanha, mucubai, Nkaneka, parte de N'Guanguela e mais, têm sua herança ou raízes no reino de Bailundo.

Portanto, nos dias de hoje todos eles são chamados reinos e são; reinos do Congo, Fiote, Kimbundu, Bailundo, N'Ganguela, Nhaneka, Mucubai, Kuanhama, Tututchokwé e outros. O reino do Congo tornou-se muito fraco, porque sofreu muitas divisões e derrotas em todo o continente africano. O reino do Bailundo já era bem organizado antes do império português chegar, os reis e seus súditos praticavam os rituais para que se parecesse com o criador do universo. Os reis pagavam as pessoas para encontrar outros que tinham os mesmos dons espirituais, para que pudessem realizar seus milagres e surpreender muitas pessoas no mundo. As informações espalhadas entre os reinos e as pessoas começaram a procurar, e os pobres eram vítimas. Muitos negros fizeram seus trabalhos para informar aos reis aqueles(a) que tinham o conhecimento espiritual. Alguns reis foram desacreditados durante este período difícil devido aos tempos difíceis porque o povo estava irritado.

Os reis forçaram o povo a ouvir o que diziam, mas devido aos seus conhecimentos dos espíritos nos rituais, os reinos lutavam para se controlarem. Portanto, as pessoas que tinham grande conhecimento espiritual foram nomeadas como chefes das suas comunidades. Na verdade, os reis os mataram e alguns foram vendidos por causa da sua reputação. Os reis registraram as suas marcas em ferros, pedras, madeiras, pratas, bronzes, marfins e mais, como cada reino ocupou muitas terras.

Os reis capturavam muitos povos para trabalhar para eles e os reinos que tivessem muitos povos eram considerados um reino rico. Os dons espirituais tornaram-se para caçar os seres humanos por prazer, para usá-los nos rituais e ser reinos muito poderosos. Eles esqueceram que o espírito é uma bênção de humildade, amor e paixão, que pertence ao criador do universo, e ele ou ela tinha decidido distanciar do povo negro. O povo estava muito triste com o criador porque sentiam-se decepcionado, assim o criador permitiu as mulheres negras nascerem filhos com diferentes cores. Para intervir e parar o que o povo negro estava fazendo com as vidas do seu povo em África. Particularmente, nos reinos do Congo, Nhaneka, Kimbundu, Bailundo, Nganguela, Fiote, Mucubai, Tututchokwé, Kuanhama e outros.

IMPÉRIO PORTUGUÊS

Portanto, o problema está em todo o mundo e também na vida espiritual, quando o criador do universo foi forçado a criar a terra. Como sabemos, ele ou ela ainda está a lutar com o seu espírito chamado Lúcifer.

No entanto, a história da humanidade diz; estamos a ser testado pelo criador, os romanos ou cristãos chamam o criador do universo, de "Deus" e conquistaram a maior parte do mundo com o nome de Jesus Cristo. Antes o mundo estava sobre domínio dos impérios babilônicos, pérsia, árabes e gregos.

No séculos XII e XIV, havia perigo na Europa, devido aos fiéis seguidores do império romano e aqueles que acreditavam na Bíblia. A mesma Bíblia que os romanos esconderam, uma vez descoberto este livro chamado a Bíblia, causou controvérsia devido à hierarquia em nome de Jesus Cristo. Tornaram-se fiéis protestantes, para evitar os romanos orando a um ícone, isso criou muitos desentendimentos entre eles, isso foi porque alguns religiosos acreditavam na Bíblia tendo a lei de Deus que condena orar a todos os ícones.

O continente europeu foi o centro de muitos protestos para reformar a igreja romana, a Bíblia tinha aberto os olhos de muitas pessoas e, assim, as igrejas protestantes foi fundada. Eles decidiram seguir os passos dos impérios babilônico, pérsia, árabe, grego e também romano, quando conquistaram o mundo. Os protestantes começaram a ensinar a palavra da Bíblia e isso aumentou seus seguidores em todo o mundo.

O povo português foi o fator crucial para difundir a palavra da Bíblia, em todo o território africano. Porque, durante os impérios babilônicos, pérsia, gregos e Árabe, Portugal e parte da

Espanha eram controlados pelo império Árabe. Os protestantes aproveitaram esta oportunidade para viajar pela África com o império português porque, eles estavam perfeitamente posicionados para fazerem contatos por serem mas próximo do império Árabe. Devido a estes acontecimentos na Europa, o renascimento cresceu e se espalhou por todo o mundo.

O império português tinha chegado ao norte de África, determinado a conquistar os territórios árabes. Entretanto, isto era quase impossível, por causa das crenças e das tradições árabes fortes em sua nação, que não aceitaram a mudança e foram rejeitados, como a cultura atual era romana. Em 1492 o império português chegou ao reino do Benin e foram bem sucedidos que houve uma mudança de atitude em relação às artes e humanidade, colocando o ser humano individual em seu coração. Esta edição ajudou-os a ter uma conexão excelente com os povos negros no reino de Benin, Jesus Cristo foi responsável pelo encontro cultural e isso contribuiu para a compreensão de outras civilizações. Por causa de sermos todos iguais e criados pelo criador do universo.

Os negros eram e ainda são excelentes em fazer artefactos de ferro, bronze, madeira, pedra e prata, e a Bíblia mostrou uma outra direção para o império português. Então, eles começaram a negociar com o reino do Benin, esta foi a estratégia do império português para conquistar o reino do Benin, uma vez falhado no mundo árabe. O império português foi muito bem-vindo e eles foram excelentes clientes do reino de Benin. Os negros ficaram encantados que isso mostrou que todo mundo queria comprar as suas artes, através da alta qualidade e da grande paixão em seus corações, quando eles fizeram. O império português ficou encantado com os muitos artefactos feitos no reino do Benin, e neste sucesso a volta do século XVI os negros do reino do Benin em homenagem aos império português fizeram várias artes de ferro, bronze, pratas, madeira e mais, que podemos ver certas artes aqui abaixo.

O império português com o sucesso no reino do Benin decidiram explorar todo o continente africano, ainda no século XIV seguiram para o sudoeste, chegaram ao reino do Congo e viram o sangue vermelho nas veias dos negros conectados com as suas artes e a sua dominação foi bem-sucedida. O império português tornou-se os primeiros clientes no impérios europeus no reino do Congo que em troca o reino do Congo ganhou todo o apoio do império português, que lhes mostrou como lutar com os seus adversàrios e usar armas. Eles também mostraram-lhes as técnicas de fazer espelhos, garfos, colheres e muito mais, isso foi porque os negros não usam garfos e colheres, apenas usavam as mãos para comer, também o povo negro nunca tinha visto seus rostos muito claramente, apenas nos rios. O império português, viajou com sucesso para outros reinos como Fiote, Mucubai, Bailundo, Kuanhama, Nhaneka, Nganguela, Tututchokwé, Kimbundu, Congo e muito mais.

Infelizmente, o império português viu os reinos a matarem-se, estruparem-se, a venderem-se entre si e, em particular para mundo árabe. Além disso, o império português também começou por comprar negros e vendê-los para o mundo árabe, mas o continente americano foi o lugar perfeito para enviar o povo negro para o trabalho forçado. No entanto, o império português comprou

14

muitos negros capturado principlamente pelo reino do Congo, o reino do Congo controlava muitos reinos no continente africano mas, nestes mapas abaixo podemos ver os lugares onde os negros eram apanhado e levado forçadamente pelos continentes americanos para os trabalhos escravos.

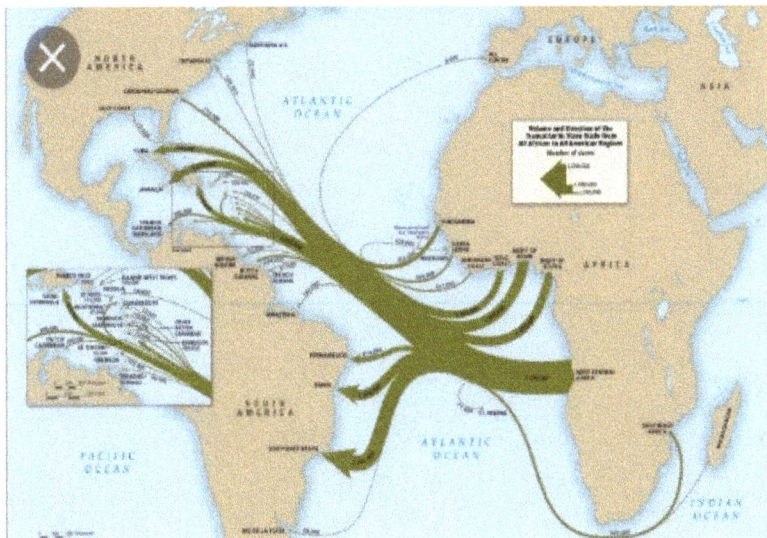

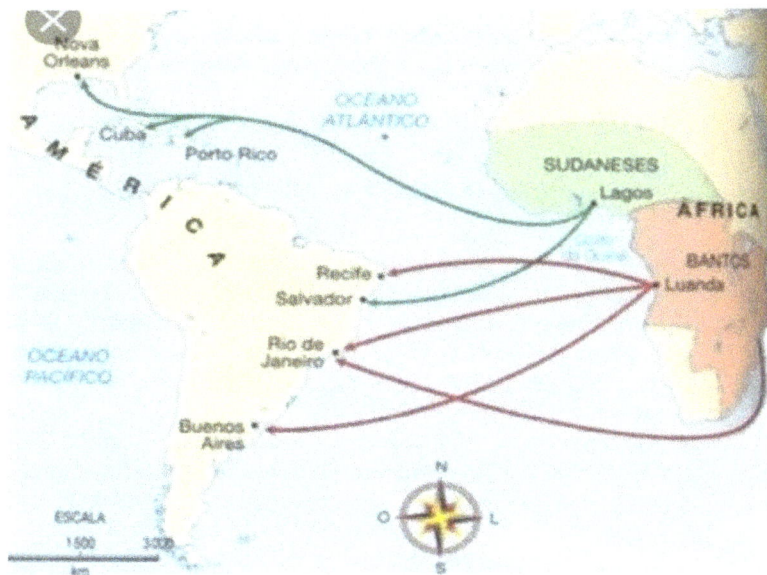

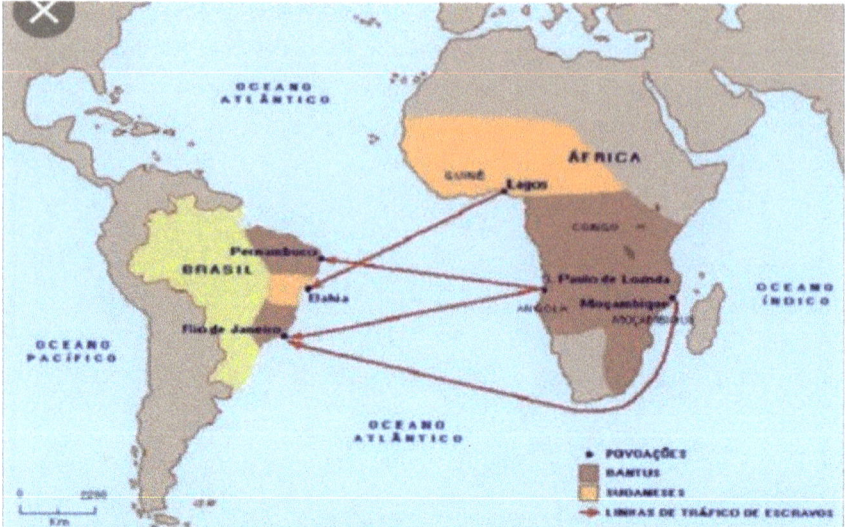

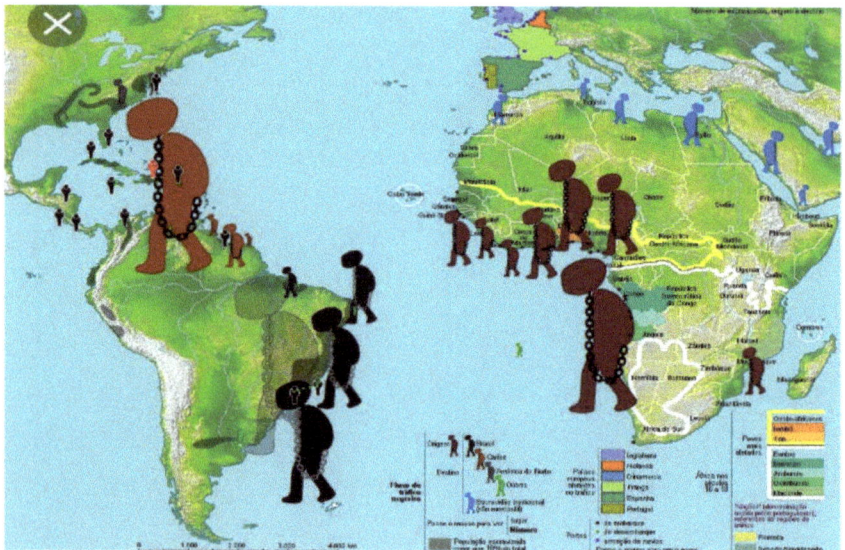

O império português passou a negociar com os outros reinos também, infelizmente prestou menos atenção ao reino do Congo e o mesmo não gostou e preparava-se para lutar com o império português, mas o plano falhou porque o império português estava muito bem preparado.

O império português juntou-se com os reinos dos Kimbundu, uma véz o reino dos Kimbundu vítimas do reino do Congo, o império português estabeleceu o seu poder especialmente no reinos dos Kimbundu e bloqueou o reino do Congo de atacar outros reinos, especialmente no sul de Angola. O reino do Congo foi empurrado de volta para o norte numas das areas que também era seu território central, atualmente chamado de Mbanza-Congo na província do Zaire. No entanto, o império português começou a chamar as muitas tribos de reinos, o império português usou o reino dos Kimbundu para capturar negros de outros reinos, tal como fez com o reino do Congo que o reino do Bailundo foi uma grande vítima da escravidão enviados para trabalhar em outros reinos e em todo o mundo.

O império português e o reino dos Kimbundu se tornaram muito bons amigos, o império português controlou todos os reinos e os seus sucessos foi ouvido na europa, que toda a europa decidiram explorar as terras africanas. O império belga chegou ao reino do Congo e juntou-se a eles, porque precisavam de ajuda para recuperar os seus territórios que foram detidos pelo império português. Este periodo, foi muito difícil ver os brancos traírem-se a favor do povo negro, o império belga não fez nada para ajudar o reino do Congo e também começou a seguir os passos do império português, que era violar, comprar, vender, matar os negros e muito mais, que na qual o reino do Congo tiveram que obedecer o império belga. O império português tornou-se muito rico e descobriu como fazer artesanato africano feito em ferro, bronze, prata, madeira, pedra e muito mais.

O povo africano ensinou aos impérios europeus muitas coisas, o império português controlou muitos dos reinos africanos, como os reinos do Mucubai, Nhaneka, Fiote, Kuanhama, Nganguela, Bailundo, Kimbundu, N'Tututchokwé e parte do reino do Congo... O império português dominou o povo negro e ensinou-lhe acordo com suas regras e maneiras, infelizmente os negros não faziam ideia do que estavam a ser ensinados. O povo negro ficou feliz por ter algo novo em suas vidas e não sabia que o império português estava enganando-os, tiveram várias reuniões secretas com os reinos dos Kimbundu e sugeriram que se tornasse um reino grande. Todavia, isto não aconteceu porque os grandes reinos avolta destes reinos eram e são até hoje-em-dia os reinos do Congo e Bailundo.

O reino dos Kimbundu eram culpado de capturar os negros de outros reinos para serem vendidas como escravos no império português, eram reinos menores a tentaram se proteger para não serem engolidos pelos reinos do Congo e Bailundo. Eles eram os reinos que estavam mais áliados com o império portugués para combater com os outros povos negros. Outros reinos, por sua parte atacavam mais o reinos dos kimbundu porque era difícil chegar ao império português, que o mesmo império achou difícil impedi-los de lutar.

A pressão da igreja católica tentaram converter o povo negro para o cristianismo e impedi-los orando nos rituais e matando pessoas. O império português, começou a trazer mais seguidores do cristianismo para converter os reinos, porque além dos impérios violar, matar, comprar, vender os negro e muito mais males praticados. Os mesmos negros assassinavam-se nos nossos próprios rituais, que na qual foi interrompido com a chegada da Bíblia. Esta mesma Bíblia impressionou os reinos e eles pensaram que poderia ser a vontade de Deus para o povo negro pararem de assassinarem-se uns aos outros.

A dominação foi bem-sucedida, o império português converteu todos eles e reconheceu que o povo negro faz artefactos excelentes. Os reinos tornaram-se obediente ao colonialista português, as suas habilidades foram apreciadas e cativadas no mundo. Consequentemente, mudou a compreensão da raça, da cultura, da tradição, da afiliação étnica e das crenças do povo africano. Isto era importante para o império português; o mundo estava agora consciente de olhar para os negros diferente e com muito respeito. Assim sendo, surpreendeu os intelectuais brancos que ponderaram no tratamento negativo para com os negros. Os brancos surpreenderam-se com os negros porque considerava-os de analfabetos mas, faziam artes poderosas que simboliza a vida. O colonialista português deu o primeiro passo para se apresentar ao mundo com a sua cultura, tradição, étnias, depois batizou todos os reis juntamente com o seu povo.

No entanto, alguém tinha de estar no comando, cada reino tentava ter o domínio mas foram mal sucedidos e eles foram controlados sistematicamente pelo império português. Os reinos não sabiam quem estava por de trás das lutas, que o império português perpétuava sem escrúpulos, a única maneira de escapar do regime do império português era morrer.

Do século XV ao XIX o império português violou mulheres, homens e crianças, este tornou-se o primeiro império que tinha mais crianças mistas do que qualquer outro impérios europeio, os negros com seus fetichismos, profécias, magias e outras espiritualidades não poderam parar o que o império português tivera feito. Além disso, o povo negro contribuiu para destruição dos seus companheiros e os reinos tornaram-se próximos ao império português.

Os reinos do Mucubai, Nhaneka, Kuanhama, Nganguela, Bailundo, Kimbundu, Fiote, N'Tututchokwé e parte do reino do Congo tinham de prácticar a cultura Judaica no cristianismo. No século XV e XIX o estilo judaico da bíblia foi seguido e o império desenvolveu a infraestrutura, a economia e outros aspectos da sociedade. O povo negro trabalhou arduamente na escravidão no desenvolvimento da industrialização do império, que assim foi se tornando na melhor economia do mundo. Também, conectaram a infraestrutura a outros impérios em torno do continente africano.

O império criou muitas companhias importantes assim como a petrolífera Sonangol, a companhia de aviação aérea chamada TAAG, a companhia de diamante denominada Endiama e outras empresas mais. No entanto, foi o povo negro que construiu tudo isto durante a escravidão, mas as ideias eram do império. Os reinos foram obrigados a aprender a língua portuguesa e tornou-se a língua oficial em torno dos reinos e para ser considerado inteligente era importante falar a língua portuguesa e cada reino tinha seus nomes usados para alguns territórios. A maioria dos territórios ganharam os nomes dos heróis do império, e o mesmo criou dezoito províncias, que são; Cabinda, Uíge, Lunda-Norte,

Lunda-Sul, Bengo, Kwanza-Norte, Kwanza-Sul, Luanda, Malanje, Zaíre, Cunene, Huambo, Benguela, Huila, Moxico, Namibe, Bié e Kuando-Kubango.

Os reinos assentaram-se nestas dezoito províncias com os seus hábitos, costumes e o traje do império. Além disso, o encontro cultural cresceu nos reinos, que o reino dos Kimbundu foi dividida em cinco províncias que são: Malanje, Kwanza-Norte, Bengo, Luanda e também parte do Kwanza-Sul. O reino do Congo foi dividido em três províncias como Zaire, Uíge e Cabinda. O reino de N'Tututchokwé foi dividido em três províncias que são: Lunda-Norte, Lunda-Sul e parte do Moxico, o reino de Bailundo foi dividido em seis províncias nomeadamente: Huambo, Bié, Huila, Namibe, Benguela e também parte do Kwanza-Sul. Por sua vez, o reino do kuanhama foi subdividido em duas províncias que são; Cuando-Cubango e uma parte do Moxico. O reino de Nhaneka foi divididos em duas províncias o Cunene e parte de Huila.

Todos estes reinos têm os seus descendentes dentro de todas as províncias angolana mas, o reino do Bailundo tem mais, que é cerca de 50% da sua população em Angola que falam a língua Umbundu que orgulhasamente é a segunda língua mais falada após a língua imposta pelo impostor português.

O povo do reino do Bailundo foram forçados a trabalhar nas fazendas em torno de Angola pelo império impostor, o sul de Angola é muito fértil que forçou o império gostar e instalar-se.

Os reinos foram divididos em províncias, municípios e aldeias, que a província de Cabinda tem quatro municípios que são; Belize, Buco-Zau, Cacongo, Cabinda e a capital é Cabinda. A província de Zaíre tem seis municípios que são; M'Banza-Kongo, Soyo, N'zeto, Cuimba, Noqui, Tomboco e a capital é M'Banza-Kongo. A província do Uige tem dezessete municipios que são; Alto-Cauale, Ambuila, Buengas, Bungo, Bembe, Damba, Maccola, Milunga, Mucaba, Negage, Puri, Quimbele, Quitixe, Sanza pombo, Songo, Uíge, zombo e a capital é Uíge. A província da Lunda-Norte tem dez municípios que são; Cambulo, Capenda-Camulemba, Dundo, Caungula, Chitato, Cuango, Cuilo, Lubalo,

Xá-Muteba, Lucapa e a capital é Dundo. A província da Lunda-Sul tem quatro municípios que são; Cacolo, Dala, Muconda e Saurimo como a capital.

A província do Kwanza-Norte tem onze municípios nomeadamente; Banga, Bolongongo, Ambaca, Cambambe, Golungo-alto, Gonguembo, Cazengo, Quiculungo, Samba-caju, Lucala e a capital é N'Dalatando. A província do Kwanza-Sul é rodeada por doze municípios que são; Amboim, Quibala, Cassongue, Conda, Libolo, Mussende, Waku Kungo, Quilenda, Seles, Porto-Amboim, Ebo e Sumbe que na qual é a capital. A província do Bengo tem sete municípios que são; Ambriz, bula-Atumba, Dande, Dembo, Nambuangongo, Pango-Aluquém e Caxito é a capital.

A província de Luanda foi anteriormente um município da província do Bengo, mas a província de Luanda foi a capital da escravidão e ganhou o decreto para se tornar uma província. A província de Luanda é a província mas pequena de Angola, noutrora havia simplesmente cinco municípios que são; Cacuaco, Cazenga, Viana, Luanda, Quiçama e a capital é a mesma cidade económica Luanda. A província de Malanje tem catorze municípios que são; Cacuso, Calandula, Cangandala, Quela, Cambundi-Catembo, Caombo, Cubio-N'Zogo, Cunda-dia-Baze, Luquembo, Marimba, massango, Mucari, Quirima e tem Malanje a capital. A província do Huambo tem onze municípios que são; Bailundo, Caála, Catchiungo, Ekunha, Mungo, Longonjo, Tchindjenje, Tchicala-Tcholoango, Londuimbale, Ucuma e a capital é Huambo.

A província de Benguela tem dez municípios que são; Baia farta, Balombo, Bocoio, Caimbambo, Chongoroi, Ganda, Lobito, Benguela, Catumbela, Cubal e tem Benguela como a capital. O município do Lobito lutou para ser uma província, por causa do seu poder na económia como o maior porto de Angola.

O caminho de ferro do Lobito é conectada ao redor do continente africano mas, ainda assim Lobito é apenas um município de Benguela. A província da Huila tem treze municípios que são; Caconda, Cacula-Caluquembe, Chiange, Chipindo, Chicomba, Matala, Humpata, Cuvango, Chibia, Jamba, Quilengues, Quipungo e tem Lubango como a capital. A província do Moxico tem dez municípios que são; Alto Zambeze, Léua, bundas, Lauau, Camanongue, Luacano, Luchazes, Luena, Lumeje, Moxico e tem Luena como a capital.

A província do Namibe anteriomente foi chamado Moçâmedes, que tem cinco municípios que são; Bibala, Camucuio, Tômbua, Virei e tem Namibe como a capital. A província do Bié tem nove municípios que são; Andulo, Camacupa, Catabola, Chinguar, Nharea, Chitembo, Cuemba, Cunhinga e tem Kuito como a capital. A província do Kuando-Kubango tem dez municípios que são; Calai, Cuangar, Cuchi, Cuito Cuanavale, Rivungo,Longa, Mavinga, Dirico, Nancova e tem Menongue como a capital.

Finalmente, a província do Cunene tem seis municípios que são; Cahama, Cuanhama, Curoca, Cuvelai, Namacunde e tem Ondjiva como a capital. Os nomes das províncias, municípios, aldeias e estradas foram designados pelo império português. Alguns dos nomes são dos seus heróis que dominaram o povo negro durante este tempo de dificuldades. O povo negro fez todo trabalho duro construindo seus reinos, para tornar a vida do impérios impostor fácil.

Os negros entre si eram os seus piores inimigos devido aos seus erros espirituais em toda a África, isto permitiu que os impérios continuasse a apanhar negros para vender ou trabalhar para eles como escravos. Consequentemente, a terra pareceu pertencer aos impérios e os povos negros eram indefesos, os negros apenas observavam e obedeceram a qualquer coisa que os impérios solicitavam. Isto causou a luta entre os reinos, o povo negro acreditavam que o reino dos Kimbundu era muito subserviente ao império impostor. Os outros reinos estavam muito zangados com o reino dos Kimbundu e isto aumentou o tribalismo e da concorrência entre os reis. O império sorria, porque eles já tinham seus acordos com todos os outros reinos, o império português tentou erradicar todos os rituais executados pelos reinos, mas isto era impossível porque as crenças funcionaram profundamente no sangue dos negros.

Do século XV á XIX o mundo foi surpreendido pelo império português, porque era o único império em suas colónias que integrou com o povo negro. O império português apreciava as baladas dos negros e eles também usavam os rituais dos espíritos, e que aumentavam seu apetite sexual de violar as mulheres negras. As teórias do imperialista mudou totalmente as do povo negros que passamos obedecer o império avolta da fogueira. Mostrando as suas vidas espirituais nos rituais e ambos com os negros apreciavam as mulheres idosas ensinando as mulheres jovens como preparar refeições tradicionais, como se vestir, como nos alimentavamos, como se comunicar e muito mais... o império português apreciavam bebês negros a chorar ou a sorrir porque eles sabiam, que um dia seriam seus escravos.

O poder espiritual também confundiu o império português, porque alguns praticavam também os rituais que eram ofensivos por outro lado, muitas pessoas ajudaram-lhes aprenderem as nossas artes culturais e alguns brancos do império impostor estavam a favor do povo negro. Eles entenderam a chave secreta do povo negro, que perdemos para todo sempre nas nossas soluções espirituais para lidar com a vida. Assim, alguns dos negros pararam de lutar com o império e se tornaram seus bons amigos mas, alguns dos negros não gostavam desta aliança, pois alguns foram excluídas dos rituais ao redor da fogueira especialmente, aqueles(as) casados com branco para proteger a cultura mas, o ouvir do bater dos tambores falavam qualquer línguas que os brancos e negros estavam sempre juntos em particular, dos reinos do Congo, Bailundo, Kimbundu, Nhaneka, Kuanhama, Mucubai, Tututchokwé, Fiote, Nganguela e outros reinos. Mas, ninguém conseguia dormir devido à batida rítmica dos tambores, e ao som de muitas línguas africana. Os imperialistas aprenderam a falar as línguas desses reinos e alguns deles falam muito bem e melhor que certos negros como eu.

IMPÉRIO BRITÂNICO

As gerações de escravos que nasceram durante os séculos XV e XVIII sofreram grandes dores em suas vidas, eles lutaram como os leões para a igualdade e os negros no continente norte americano tentaram fugir para a América do Sul, porque neste período, certos negros na America do sul já estavam livres da escravidão assim como o rei Zumbi dos Palmares que era um líder que ocupou uma área que poderia ser como Portugal. Durante este período os povos negros lutavam ferozmente no norte da america porém, os povos negros viveram grandes dificuldades.

Todos os negros que tentavam fugir da escravidão ou dos seus mestres, pretendiam ir para as fazendas dos seus companheiros irmãos negros um deles foi o rei zumbi dos Palmares. Isto fez o imperialista se unirem e irem atacar o fazendeiro africano, porque era o único fazendeiro negro neste tempo, o rei Zumbi dos Palmares lutou com o poder espiritual do continente africano, o fetichismo e a magia. Esta profécia era muito importante para a sua liberdade, acreditava-se que este milagre vinha dos seus Deuses! Claro que veio de Deus, este poder espiritual foi muito útil para eles e infelizmente é o mesmo poder que dividiu os reinos africano. Particularmente os reinos do Congo, Bailundo, Kimbundu, Nhaneka, Kuanhama, Mucubai, N'Tututchokwé, Fiote, Nganguela e muitos outros reinos antes da chegada do imperialista em África.

O rei Zumbi dos Palmares, aprendeu a lidar com o poder dos seus Deuses, como se proteger do inimigo e ajudar os seus companheiros africanos. Este dom espiritual destruiu os reinos africanos, criou muitas divisões entre eles e fez os negros perderem os seus caminhos e se tornaram escravos.

24

Neste caso, deu-se a esperança e o impulso aos povos negros para fugirem do continente norte americano para chegar à fazenda do rei Zumbi dos Palmares, o povo negro teve que atravessar muitas terras e o maior problema era o mar, o Sr. Kunta-Kinte ainda tentou fugir infelizmente, a maioria dos negros que tentaram escapar foram pegos pelos seus mestres. Eles foram punidos e gravemente mutilados, o Sr. Kunta-Kinte teve uma das suas pernas cortadas para impedi-lo de fugir novamente. Esta situação uniu a maioria das pessoas negras no continente americano, eles decidiram arriscar as suas vidas porque sabiam que as terras do continente americano não pertenciam aos brancos e sem qualquer chance de escapar, alguns deles se tornaram mais próximos ou amigos dos seus mestres e alguns deles ganharam o estatuto para ser livre. Além disso, alguns dos escravos que estavam perto dos seus mestres, receberam uma educação a estilo europeu, isso permitiu que alguns dos negros se tornasse autônomos por causa de sua boa educação. No entanto, no continente europeu os combates continuaram porque alguns brancos se perguntavam por que os negros eram chamados de analfabetos, se eles produziam artefactos preciosos em ferro, madeira, prata e bronze. Isso demonstrou como os povos africanos viviam as suas vidas diárias, que representava os seus mobiliários, roupas, armas e utensílios de cozinha.

Desde que os negros chegaram ao continente americano no século XV para serem escravos, muitos brancos se apaixonaram com as suas artes que no século XVII houve debates entre pessoas brancas, que exigiam respeito pelos negros. Então, todos os reinos africanos começaram a respirar, particularmente os reinos do Congo, Mucubai, Nhaneka, Bailundo, Kuanhama, N'Gganguela, Fiote, Kimbundu, N'Tututchokwé e outros. Finalmente, os negros tinham o direito de falar, certos brancos mostravam-se que não havia diferença entre pretos e brancos que na qual somos todos seres humanos. Devido aos acontecimentos ocorridos no continente europeu no século XIV e XVI , este período é chamado de renascimento e reforma, isto mudou a Igreja Católica ou império romano, de modo que o mundo viu um renascimento da cultura romana, foi uma grande mudança de atitude para com as artes e a humanidade, colocando o ser humano individualista nas suas atitudes. Os negros foram vistos como fetichistas e analfabetos, mas também, eles foram vistos a produzir artefactos muito poderosos de ferro, madeira, prata e bronze.

O renascimento e reforma da igreja católica deu esperança a todos os seres vivos e, especialmente, para os negros que haviam sido escravos por cerca de cinco séculos. Além disso, os artefatos poderosos feitos pelo povo negro, foram as chaves para os brancos, para acreditar que os negros também tinham conhecimento, eles começaram a ver o povo negro de forma diferente e tratou-os muito bem, porque somos todos seres humanos. As exibições das artes africana ajudou o império britânico a abrir o primeiro museu britânico ao público no dia 15 de Janeiro de 1759, onde as artes dos povos negros foram exibidas e encorajou o público a pensar sobre a escravidão. Além disso, a independência dos Estados Unidos da América dia 4 de Julho de 1776, deu uma nova esperança aos negros para as suas liberdades.

Alguns povos brancos e particularmente os povos brancos de Irlanda, eram escravos nas mãos do império britânico. Na sequência da luta pela Irlanda e da pressão para ser livre, o Parlamento britânico no dia 25 de Março de 1807 aboliu a escravidão no seu império mas, foi em 1833 que a escravidão foi decretada ilegal no império britânico que resultou no povo negro que nasceram no Estado Unidos da América a serem muito fortes e eles acreditavam que a terra não pertencia ao povo branco.

No entanto, os reinos do Congo, Mucubai, Fiote, Nhaneka, Kuanhama, Nganguela, Bailundo, Kimbundu e N'Tututchokwé esperavam tornar o seu sonho realidade, devido a todos os factos da história humana que aconteceram, o mal-entendido sobre o dom dos espíritos, a reforma do império romano, o renascimento e a independência dos Estados Unidos da América, isso incentivou o povo negro a lutar pela sua liberdade. A geração de negros nascidos ao redor do mundo e, especialmente, nos Estados Unidos da América, forçaram os povos brancos a pensarem no que fazer com os negros. Uma vez que a escravidão foi feita ilegal pelo império britânico e os antropólogos haviam estudado a cultura do povo negro, eles começaram a ganhar todos os casos de criminalidade no século XVIII consequentemente, os negros tornaram-se muito respeitado em todo o mundo, porque sabiam que as pessoas que os chamavam de analfabetos, não tinham os artefactos poderosos, que simbolizam tudo ao longo da vida! Ninguém tem todo o poder de dizer a pura verdade sobre a vida. As artes negras deram aos contextos mundiais como devemos olhar para os seres humanos, que estas visões e apreciações, etc deu ao povo negro os estatutos.

O império britânico mudou a educação do mundo no século XVIII e naquele momento alguns negros nos Estados Unidos da América decidiram voltar para a África infelizmente, as terras africanas foram ocupadas pelos impérios europeus e árabes e o britânico foi o único império a aceitar os negros de volta. Isso culminou no primeiro povo negro retornando à sua pátria mãe África em 1842, eles adquiriram terras e foi primeiro lugar em África chamado país com declaração de independência no dia 26 de Julho de 1847, que actualmente é a Libéria. Este evento deu a oportunidade ao povo negro de lutar pelas suas terras que estavam nas mãos dos impérios em África. Então, alguns dos impérios como o britânico acreditaram que os povos pretos poderiam dar mais compreensão sobre a vida Africana no geral nas suas artes. O povo negro, suas artes e de volta as suas terras forçaram o mundo a abolir a escravidão.

O império britânico ajudou a nova geração de negros no século XVIII, em todo o mundo, embora o povo negro lutou constantemente com os impérios em todo o mundo, o império britânico em suas colónias trouxe a esperança do povo negro pelos artefactos que eles fizeram. Nos séculos XV ao XVIII os povos negros e suas artes foram excluídos, os escravos avolta do mundo vieram dos reinos diferentes de África. Assim, os negros dos Estados Unidos da América eram os representantes de outros negros no continente africano, os negros que haviam voltado para a África ajudaram os outros negros que nunca haviam saído da África. Estes antigos escravos foram bem-sucedidos e os negros começaram a se desenvolver em todo o mundo, em parte este facto foi devido à ajuda do império britânico que irritou os outros impérios assim como o português, espanhol, francês, italiano, belga e outros, que na qual não foi do agrado destes impérios ver o império britânico seder aos negros terras numa das suas colónias em África.

Os impérios irritados pensaram se todos os negros decidirem voltar para a África então, os impérios teriam que retornar as terras africanas aos povos negros. Infelizmente, os impérios irritados decidiram dividir entre eles o continente africano, durante o século XV ao XVIII, os impérios europeus nunca pensaram em dividir o continente africano mas, devido a bondade do império britânico de seder as terras, os impérios irritados forçaram a conferência de Berlim em 1885 na Alemanha que dividiu o continente africano. Cada império defendia os seus interesses na suas áreas ocupadas no continente africano, o império português controlava muitos reinos no continente africano especialmente os reinos Mucubai, Congo, Nhaneka, Fiote, Kuanhama, Nganguela, Bailundo, Kimbundu e N'Tututchokwé, sendo assim se tornou Angola. O rei chamado N'Gola-Kiluanje, foi um dos rei a se render ao império português, após o reino de Benin e do Congo.

No continente europeu, aqueles que estudaram a antropologia valorizavam as artes do povo negro e eram muito especiais para o mundo. A conferência que aconteceu em Berlim, permitiu que cada império fizesse o que queriam com as suas colónias em África. O império português passou a chamar todos estes reinos do Mucubai, Congo, Nhaneka, Fiote, Kuanhama, Nganguela, Bailundo, Kimbundu, N'Tututchokwé e ourtos de angolanos. Portanto, todos que nasceram dentro deste mapa abaixo são considerado como angolano(a) e os imperialista retiraram os poder dos reinos.

O tamanho do território angolano em África é de 1.246.700 km2 e este foi ocupado pelo império português após a conferência de Berlim na Alemanha, em 1885. No noroeste do mapa, está uma parte do reino do Congo em Angola, do século XV ao XVIII, o império português tentou unir todos os reinos, no entanto, a escravidão ainda existia em Angola, pois este era o negócio dos imperialista. Angola era considerada uma província de Portugal e estes reinos, Mucubai, Congo, Nhaneka, Kuanhama, Fiote, Nganguela, Bailundo, N'Tututchokwé e Kimbundu, mesmo assim continuaram a lutar para recuperar as suas terras das mãos dos imperialista.

Cada reino tinha os seus povos dentro de outros reinos e países vizinhos, o reino de Nhaneka teve alguns dos seus povos nos países vizinho da Namíbia, Botswana e Zambia, o reino Nganguela teve o mesmo povo no país vizinho da Zâmbia e o reino do Congo, kimbundu e Fiote tenhem os mesmo povos no país vizinho República Democrática do Congo, e o reino Fiote abrangiu o Congo Brazzaville. O reino Kuanhama teve o mesmo povo nos países vizinho Zâmbia, Namibia e Botswana, os reinos de Mucubai e Bailundo então dentro de Angola e especial os Bailundo que esta localizado no centro de Angola.

A ocupação dos impérios criou muitas divisões que separaram muitos reinos e estes reinos de Angola tiveram de obedecer ao império português, isso tornou difícil para o povo angolano lutar pelas suas terras. Os museus britânicos exibiam as artes do povo negro com muito respeito e amor, os negros em todo o mundo tornaram-se muito fortes com os museus britânicos que exibiam as suas artes do reino do Benin. Os negros e as suas artes foram excluídos da sociedade, e nunca foram exibidas nas terras europeias com amor e dignidade, o povo negro e suas artes eram um escândalo da humanidade por causa da escravidão que na qual os negros precisavam ter alguma representação no mundo.

A compreensão do império britânico e outros europeus incentivou a exibição das artes em todo o mundo. O império britânico sabia sobre a humanidade e permitiu que as pessoas reconhecessem que somos todos iguais, seja qual for a raça ou cor da pele. Os reinos africanos promoveram a sua reputação em todo o mundo e os reinos angolanos ficaram muito contentes, devido ao império britânico, o povo negro de Angola e as suas artes tornaram-se respeitados. O governo britânico quebrou a barreira de como devemos perceber o povo negro, a percepção de muitos governos e artistas nos mostraram que a cultura, a tradição e a etnia são muito importantes em todas as sociedades, as artes angolanas têm sido exibidas em museus e mostrou como a humanidade viveu e a vida mais natural. Os povos brancos ficaram curiosos sobre os povos negros, como eles sacrificaram os seus povos no fetichismo e mantiveram as suas crenças ativas, as artes africanas mostraram mais diversidade sobre a vida e isto mudou a percepção nas sociedades mundias, e provocou desafios entre museus dos imperios europeus para o mundo conhecer mais sobre o fundo do artesanato do povo negro. Este foi um grande momento para o povo negro, as suas habilidades eram exibidas nos museus e atraiam plateias, os imperialistas perceberam-se que os povos negros são inteligentes demasiados e isso aumentou a popularidade dos negros em todo o mundo, especialmente com os Estados Unidos da América, onde o povo negro primeiro ganhou o poder de apoiar os seus irmãos ao redor do mundo.

Lentamente, alguns deles tornaram-se pessoas muito importantes no mundo, o que teve um grande impacto sobre os negros lutando em Angola. O império português ainda estava vender os negros e também os excluíram da sociedade angolana. Consequentemente, os negros do mundo lutaram intensivamente pela liberdade, o império britânico e as suas colónias e especialmente os Estados Unidos da América fez a maior mudança no mundo e os negros angolanos(a) tinham a crença de que poderiam recuperar as suas terras nas mãos do império português que na qual estavam com medo. Obviamente, que o povo negro angolano(a) começou a se afirmar e questionar os seus direitos de falar sobre as suas terras.

Os descendentes do império português nascidos em Angola, sabiam que se voltasse para Portugal ele seriam pobres, porque é difícil recomeçar uma nova vida. Muitos brancos nascidos em Angola não sabiam nada sobre Portugal e não queriam voltar, por isso estabeleceram-se e lutaram pela Angola como na Africa do sul onde os branco controlava tudo.

REVOLUÇÃO AFRICANA

Revolução africana foi uma parte da revolução mundial e claramente mostrou que a bênção de Deus estava do nosso lado para continuar a lutar pelas nossas terras. O império britânico desempenhou um grande papel quando apoiaram os negros ao redor do mundo e as suas contribuições foram absolutamente positivas pois, o mundo começava a viver o multi-culturalismo. O povo negro começou a ter o direito de falar sobre a sua fé que era enterrompida pelos imperialistas, as colónias britânica especialmemente os Estados Unidos da América deram esperança ao povo negro, porque tinham uma compreensão diferente dos negros por causa das suas artes no mundo. Há muitos séculos atrás no norte de África, eram dominado pelo império Árabe infelizmente, o povo negro desapareceu por causa da mistura com o povo árabe, este lado é chamado África branca, os poucos negros não tinham poder para lutar e receber as suas terras mas, os descendentes do império árabe também dividiram-se. A luta para recuperar as terras africanas estavam apenas em lugares onde havia muitos negros, o povo negro desafiou os impérios e isso lhes deu a capacidade de recuperar suas terras, e eles lutaram sem medo para recuperar os seus territórios ocupado pelos impostores. Isto forçou os impérios a reconsiderar as lutas dos negros, de comprar e vender negros, isto tinha de parar! Eles tiveram que deixar o povo negro ser livre, e este foi um grande problema entre eles. Os impérios português, italiano, espanhol, francês e belga culparam o império britânico por dar em demasia liberdade aos negros. Os antropólogos do império britânico no século XVII, fizeram grande pressão em todos os impérios que obrigou-os a parar escravizar os negros. Assim, o povo negro nos Estados Unidos da América tinha e ainda tem uma excelente relação com os brancos. Como resultado, tornaram-se o primeiro lugar no mundo a ser multi-cultural, quando o mundo foi controlado pelos impérios babilônico, pérsia, árabe, grego e romano, talvéz acreditemos na história de Daniel, da Bíblia, quando ele teve um sonho no reino da Babilónia. Seja qual for o significado do pé no sonho, tornou-se uma epidemia de revolução em todo o mundo. Muitos negros no mundo, tentaram o seu melhor para fazer algo para ajudar outros negros que não tinham voz, isto culminou com Sr. Edward Wilmot Blyden que fundou o nacionalismo da África Ocidental em 1901 em Londres, para representar o povo negro.

A epidemia da revolução espalhou-se por toda a terra africana, isso surpreendeu muitos impérios, e eles tentaram reverter a situação mas, era impossível porque as lutas dos negros e os antropólogos mostraram ao mundo que somos todos seres humanos. No entanto, quando os museus britânico emergiram todas as artes do povo negro, houve competição por esses itens nos museus de todo o mundo. Neste caso, acreditamos que tudo tem uma razão e esta foi a razão para entender outros seres humanos, que sofreram no mundo cinco séculos de escravidão. Particularmente, o povo negro de Angola que aumentou a sua pressão no império português para mudar a forma como governar as suas colónias.

Os Estados Unidos da América mudaram a lei do mundo, o povo negro em África começaram a sonhar em recuperar suas terras, a educação cristã tornou-se o centro do povo negro que além de suportar a escravidão! também suportaram os negros. Isto mudou o olhar dos impérios e especial em África houve felicidade porque África do Sul se tornou independente em 1910 infelizmente, esta independência foi apenas para os brancos, asiáticos, árabes e não era para os negros.

Portanto, o século XIX o sangue dos negros ferveu em suas veias, Deus estava de volta ao nosso lado depois de milhões de anos ou desde que aqueles pretos do Adão e Eva comeram a maça alheia, Deus estava bem irritado e nos abandonou por causa de nosso mal-entendido com seu espírito. Acreditam... Deus retornou com todo o poder para deter os impérios matando os seus companheiros seres humanos, a revolução epidêmica em terras africanas misturada com os gritos e rituais derramado no coração da humanidade ao ouvirem as almas das musicas maravilhosa graças dos negros no fundo do mar. Os impérios tiveram que pensar sobre seu futuro em África, isso foi perfeito aos olhos de Deus vendo outras colónias se tornando um país livre, chamado Egito o terceiro independente no dia 28 de Fevereiro de 1922, a independência foi apenas para o povo árabe ou asiático que ocuparam o norte da África a milhões de anos atrás.

Os impérios estavam cientes da redução do número de pessoas negras, e isso culminou em outro lugar para ser livre, chamado Etiópia, que nunca foi considerado colonizado mas, a revolução africana ajudou-os a tornarem-se independentes no dia 5 de Maio de 1941. Seguida da Líbia com a independência no dia 24 de Dezembro de 1951 mas uma vez, não incluiu os negros mas, a revolução continuou com o Sudão no dia 1 de Janeiro de 1956, a Tunísia em 24 de Março de 1956. Isto nunca tinha sido visto antes no mundo, o sangue do povo negro estava fervendo nas terras africanas, os negros estavam muito zangados com os seus mestres, porque os impérios árabe, judeu, grego, budista, romano e europeu ocuparam as suas terras. Durante esta luta pela África, Angola estava no meio da luta participando mas sem qualquer sucesso, apenas assistiam outros países a obter as suas independência. Esta conquista foi tremenda para o povo negro, nenhum dos impérios foram capazes de deter a maior praga chamada independência no mundo. O povo primitivo carregava a fome da liberdade em seus estômagos, e essa paixão afetou todos os seres vivos, especialmente em África o império português cedeu algumas das suas colónias chamado Guiné-Bissau que se tornou independente no dia 24 de Setembro de 1973, ali tinha muitos negros angolanas que se tornaram-se cidadãos da Guiné-Bissau. Depois da Guiné-Bissau se tornar um país, todas as colónias portuguesa aumentaram as suas pressões com o império português e especial Angola que vem tentado a liberdade muitas vezes mas sem sucesso. Dicidimos acreditar, arriscar nossas vidas pelas nossas terras, e os reinos uniram-se. Durante a revolução para o continente africano, alguns povo dos impérios retornaram para Europa infelizmente, as terras europeias tornou-se pequenas que não podiam acomodá-las todos. A geração dos impérios que nasceram em África foram rejeitados pelos outros povos brancos na Europa, esta situação forçou a primeira e a segundas guerras mundiais, porque a terra europeia eram ocupado pelo império Judeu. Este surto de revolução surpreendeu o mundo e particularmente, o continente africano a vida no cotidiano do povo negro causou muita separação por causa da escravidão, que os forçou a reivindicar os seus países. Os impérios enviaram muitos negros para a prisão sem razão por revindicar as suas terras natal, os impérios nunca pensaram que um dia eles deixassem as terras africanas após cinco séculos de ocupação. Os impérios assistiram outros impérios a deixarem a África, os impérios lamentaram as suas colónias perdidas e o império português planeou muitas estratégias para permanecer em Angola para sempre. Certos brancos preferiam morrer do que deixar Angola porque acreditavam que também os pertenciam, dissidentes começaram a aparecer, e eles lutaram contra o império no entanto, eles também faziam parte do império. Isto mostrou aos negros angolanos que alguns brancos discordavam do que faziam os portugueses, na verdade esta estratégia foi bem-sucedida e parecia que muitas pessoas brancas do império também reivindicaram o país, em nome do povo negro porque alguns deles nasceram em Angola, queriam que o império português partisse. No entanto, eles são parte do império também! Eles tinham experiência de guerra, como eles procuraram por pessoas negras para a escravidão. Algumas pessoas brancas tinham mulheres ou marido negro que originou em filhos mestiços portanto, eles eram ideais para os negros confiar, o povo negro tinham pais e amigos que eram brancos e apoiavam os dissidentes do império e mais pessoas brancas deixaram o império para se unir com os dissidentes e eles lutaram para que o império deixasse as suas terras. É claro que Angola era e ainda é a sua terra de nascimento infelizmente, este foi um plano inventado pelo imperialista para confundir o povo negro. Em Angola os povos brancos lutaram no lado dos povos negros todavia, que pessoas brancas foram estas? Foi muito difícil saber, porque as estratégias do império confundiram muitos negros angolanos(a). Esta era a vida em Angola, o império estava sempre conspirando e os negros ainda estavam lutando entre eles irmãos. O império estava determinado a ficar e nada iria impedir os seus caminhos, incluindo assassinatos, os impérios usavam a religião, juntos faziam muitos planos, porque desde o século XV até hoje o império trabalha permanentemente com as igrejas. Os negros foram subservientes ao império, eles pediam a Deus para que eles pudesse mudar as suas vidas, em consequência deste facts, os povos brancos dentro das igrejas espiavam em todos os povos negros. Além disso, as igrejas foram responsável pela doutrinas nas colónias e, particularmente, em Angola, o povo negro queria e ainda quer, uma boa doutrina (educação).

Desde a chegada do império no século XV, o povo negro recebeu excelentes doutrina no entanto, havia aqueles no império que espiavam os negros irmãos angolanos para ver o que eles estavam fazer e a pensar. Muitos pais negros trabalhavam como espiões, para satisfazer a necessidade do império em Angola, havia aqueles que eram de raça mista e tinham recebido uma melhor doutrina (educação) pelas igrejas, isso permitiu que muitos negros angolanos que estavam matriculados nas igrejas, para ter a chance de enviar os seus filhos para escolas e universidades em Portugal. Talvez algum dia eles possam continuar a ser sacerdotes, como muitos negros angolanos foram e autorizados a ir para Portugal e completar os seus estudos. Muitas crianças souberam que seus pais acordavam muito cedo de manhã para ir trabalhar, mas não tinham nenhuma ideia o que os seus pais eram ou faziam infelizmente, muitas crianças nunca souberam o que seus pais fizeram, tudo que as criancas viam eram os povos negros em problema, sendo arrastados em seus quartos e talvez mortos. Alguém tinha informado as igrejas de que o povo negro angolano estava a lutar contra o cruel invasor, consequentemente o império foi em cada casa demanhã muito cedo para prendê-los, isso envergonhou muitos negros, assim, muitos deles foram para a prisão, mas os filhos de quem informasse viajava para estudar em Portugal, para evitar os tempos difíceis da colónia. Entre eles estavam as seguintes pessoas, que hoje são bem conhecidos na nossa sociedade; Dr. António Agostinho Neto, Jonas Malheiro Savimbi e Holden Álvaro Roberto. O Dr. Holden Álvaro Roberto teve a oportunidade de estudar no império belga pela igreja, os três viviam entre os angolanos negros nas suas comunidades africana, com a promessa de conseguir um bom emprego quando regressasse a sua colónia de origem, uma vez que os seus pais tinham influência com as igrejas em Angola, os seus pais foram respeitados pela comunidade negra como eles eram seguidores do estilo judeu da Bíblia. Neste período, acreditamos que eles espiavam outros negros para que seus filhos tivessem o estatuto, porém todos queriam ter coisas boas na vida, quando voltassem eram para trabalhar nas empresas e fazendas do império em Angola, mas nunca trabalhar para o governo do invasor cruel. Neste período, era impossível, o império e as igrejas permitirem os negros a controlar Angola, o império acreditava mas na sua nação que podiam controlar Angola e que tudo lhes pertencia, o raciocínio astuto do império e as suas vontades de proteger os seus povos os empurraram para criar varios movimentos de revolução ambos com os irmãos negros e mestiços criaram os movimentos como MIA (Movimento para a Independência de Angola), MINA (movimento independência nacional de Angola) e muitos mais, que na sequência o MPLA engoliu todos movimentos opositores.

O povo negro apenas seguiu a luta sem quaisquer estratégias para beneficiar-se e no MPLA havia muitos brancos do império, no entanto a criação do MPLA, foi uma estratégia muito bem-sucedida para proteger o lugar do império em Angola. Eles tentaram fazer o que tinha acontecido na África do Sul com a independência apenas para os brancos, isto era impossível porque durante os séculos XV ao XIX, o império português tinha confraternizado com as mulheres negras e produziu crianças mestiças. Como resultado, o MPLA tornou-se um movimento para as pessoas negras, brancas e mestiças assim, a estratégia utilizada igual a África do Sul falhou, o império convenceu muitos angolanos negros a se inscreverem no MPLA, eles acreditavam que estavam lutando por todos os Angolano mas, era uma utopia.

O MPLA apenas lutou para manter o império em Angola e a revolução em Angola tornou-se a batalha do povo branco e em Portugal teve o apoio especial da Igreja Católica, a próxima estratégia do império e do MPLA era incluir as colónias de São-Tomé & Príncipe, Cabo-Verde e Cabinda para fazerem parte de Angola, a colónia de Cabinda foi reconhecida como parte de Angola no dia 26 de Maio de 1956, mas as colónias de São-Tomé e Príncipe e Cabo-Verde declinaram. Eles viram Angola muito longe deles, mas apoiaram-se mutuamente na revolução africana, o espírito foi apenas para apoio e nada mais. Assim, a estratégia para incluir São-Tomé & Príncipe e Cabo-Verde como parte de Angola falhou, o império teve a experiência de cuidar de si e eles tomaram qualquer oportunidade para distrair os negros. Seus planos vieram a fruição porque os negros eram ingênuos, o império acreditava que a sua geração nascida em Angola, um dia se uniria a Portugal para permitir-lhes continuar a controlar Angola.

REVOLUÇÃO ANGOLANA

Desde o início dos tempos, os reinos de Mucubai, Nhaneka, Kuanhama, N'Ganguela, Fiote, Bailundo, Kimbundu, N'Tututchokwé e Congo, queriam a liberdade dos seus opressores. No século XV a sua situação tornou-se mais complicada pela chegada dos impérios, cada geração nos reinos teve a sua própria luta específica e no seculo XIX depois que muitas colónias tinham ganhado as suas independências, Angola lutou consistentemente contra o império. Sem sucesso, acabamos de assistir a morte dos nossos irmãos negros que na qual a luta causou muitos a fugir das suas áreas, mover-se para os países independentes que eram a chave da revolução angolana, era hora de pressurizar o império português, então nós juntamos forças com outras colónias; Moçambique, Cabo-Verde, São-Tomé & Príncipe e outros áliados.

Muitos angolanos viviam em Portugal e o povo negro estava no controlo do império português, o poeta Dr. António Agostinho Neto, narrou os assuntos angolanos em poesias, durante estes tempos difíceis o mundo simpatizou-se com as suas poesias ouvir o povo negro angolano nas prisões, os seus poemas fluíram como um rio no mar, promovendo a ideia para reivindicar o nosso país nas mãos dos portugueses. A mulher do Dr. António Agostinho Neto era branca e tinha grande influência no império português e com a sua influência fez o marido matricular-se no MPLA, que foi uma excelente estratégia e a maior conquista da história de Portugal. Ela ajudou o marido a escapar e emergir na África na base do MPLA, Dr. Jonas Malheiro Savimbi, em Portugal, engajado no G.R.A.E. (Governo Revolucionário angolano no Exilo) e foi liderado pelo Dr. Holden Álvaro Roberto na República Democrática do Congo.

Dr. Jonas Malheiro Savimbi foi o secretário do GRAE em Paris, França e o Dr. Holden Álvaro Roberto foi surpreendido pelo Dr. Jonas Malheiros Savimbi, porque ele tinha muitos passaportes europeus e viajava ao redor do mundo facilmente.

Portugal prometeu qualquer coisa para controlar Angola, e para Angola tornar-se independente era necessário colocar alguém negro como líder, e o MPLA foi a perfeita marionete na pessoa do Dr. António Agostinho Neto que estava muito confiante de que o povo negro o seguia, sem uma ideia do que o império português pensava e armadilhava. O povo negro apenas apoiou o MPLA sem qualquer ideia do que estava acontecer na realidade, e muitos negros foram enviadas para as prisões em diferentes partes das suas colónias portuguesas na África, alguns foram enviados de volta para a terra do seu passado, Angola, e especialmente as pessoas das colónias do São-Tomé e Príncipe e Cabo-Verde, entre eles estavam os pais do Eng. José Eduardo dos Santos, com todos os seus filhos vindo de São Tomé e Príncipe sua terra natal e se estabeleceram em Luanda, no município do Sambizanga. Este município era a casa de muitos imigrantes e outros vinham de todas as províncias de Angola a procura uma oportunidade na vida em Luanda mas, eles foram forçados a participar na revolução africana e juntar-se ao MPLA, que era conhecido como o movimento de imigrantes. Dentro do MPLA as pessoas brancas e mestiças viajaram por Angola, realizando as suas campanhas política e o império português nunca pensou que outras pessoas brancas estavam lutando contra eles mas, se algum negro caminhasse ao redor, o exército do império português poderia pará-los e pedir a sua caderneta guia e se eles foram autorizados a estar lá. Talvez fossem do movimento GRAE, porque a maioria dos membros negros, durante estes tempos difíceis, eram do reino do Congo.

O povo angolano em Portugal, sentia-se muito triste pelo que ouviam nas rádios e na televisão em relação à sua pátria, Angola. Os assassinatos e as detenções de negros chocaram muitos angolanos em Portugal, isto forçou muitos povos negros a sair de Angola e andar a pé para outros países, o Sr. Difuila, o Eng. José Eduardo dos Santos e outros ficaram muito surpresos ao ouvir e ver o camarada Lúcio Lara a falar sobre Angola, no Congo Kinshasa a mensagem que deu era segredo para o povo branco. Como resultado, o povo negro era controlado pelas pessoas brancas e mestiços, que comandavam e ordenavam o MPLA assim sendo, o MPLA treinou o povo negro para lutar contra o império português, o império capturaram muitos negros e os enviaram para as prisões em Angola especilamente o bentiaba na província do Namibe e também para outros países como Cabo-Verde e São Tomé e Príncipe. A prisão em Cabo-Verde era mais proeminente e o império português separou muitas famílias e os fez lutar entre si, naquele tempo cada vez mais negros morriam a lutar pela pátria, pelas mãos dos seus companheiros irmãos negros, mandado pelos maliciosos e mafiosos portugueses. A República Democrática do Congo apoiou o GRAE, eles foram os primeiros a tornarem-se independentes todos os membros eram negros e o mais importante eram do reino do Congo, este é o mesmo reino que temos no noroeste de Angola, como podemos ver neste mapa na pagina seguir e o ditador Mabutu Sese Seko tinha planos de introduzir Angola no GRAE. O povo negro atacou muitos lugares ocupados pelo império português, as fazendas, as esquadras da polícia e muito mais, o MPLA e o GRAE diziam que estes ataques eram feito por eles para o povo apoiar-la mas não! Eram feito pelo povo negro e especialmente do reino do Congo em Angola chamado de Bacongo.

O movimento chamado; UPNA (União popular para o norte de Angola) porquê apenas para o norte de Angola, se todos nós somos angolano e estavamos a lutar pela mesma causa? Isto era devido ao tribalismo no nosso seio e condenado pelo mundo, assim a UPNA foi fechado e os mesmo membros criaram um outro movimento chamado UPA (União popular de Angola), a UPA foi mais radical, tribalista e foi o movimento que retaliou a todos os ataques feitos pelo império português, a UPA não se importavam e atacavam os negros, os brancos, as crianças e principalmente aquele negros mais obedientes o império português. No dia 4 de Janeiro de 1961, o império português atacou e matou os negros que reclamavam das condições dos trabalhadores na província de Malanje, este assassinato é conhecido como *"genocídio da baixa de Cassanje"*. 4 de Fevereiro do mesmo ano dava-se o início da luta armada A UPA, foi o único movimento que se vingou deste assassinato, eles mataram qualquer um que estivesse em vista sendo negros, brancos, adultos ou crianças. A maioria das pessoas mortas eram do reino do bailundo e negros que eram enviados para trabalhar nas fazendas do império português no norte de Angola, o mesmo império apenas assassinou negros e não brancos ou mestiços, a UPA foi criticado e conotado de tribalista e esta situação afetou o reino do Congo, que o mundo inteiro deplorou os assassinatos sem sentido, depois que mataram suas vítimas, cortaram as suas cabeças e usaram-nas como uma esfera, portanto as cabeças foram postas em várias varas para mostrar a todos o que tinham feito e podemos ver as fotos abaixo e nas paginas a seguir;

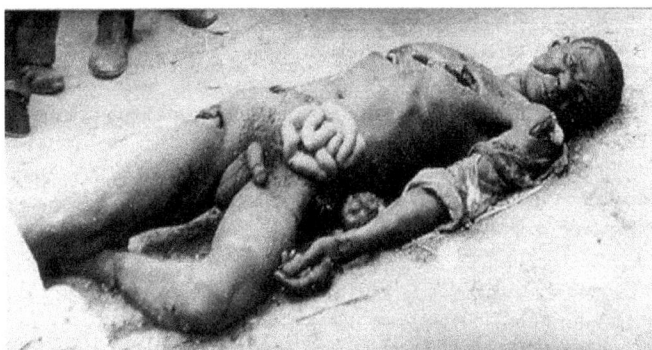

o império português nunca mostrou os corpos dos negros que matavam, eles sabiam o impacto mas, os responsável da UPA foram julgados e condenados no Congo Brazzaville, pelo direito internacional, os responsável do genocídio da Baixa de kassange não foram responsablizado e disfrutavam das suas vidas normalmente.

O reino do Congo em Angola, recebeu muitas críticas ao redor do mundo por causa do tribalismo, isto forçou o Dr. Holden Álvaro Roberto, para salvaguardar a dignidade e a reputação do reino do Congo, ele fechou o GRAE e o movimento da UPA, ainda em 1962 Dr. Holden Álvaro Roberto fundou o movimento denominado FNLA (frente nacional para a libertação de Angola). O povo do reino do Congo em Angola, decidiu que era imperativo que o império português deixasse Angola, e o Dr. Jonas Malheiro Savimbi deixou o GRAE, devido ao tribalismo contra o povo do Sul de Angola e tentou se inscrever no MPLA, mas foi rejeitado porque fazia parte do GRAE. Dr. Jonas Malheiro Savimbi, voltou para onde ele veio, como diz o velho ditado: *"se você perder o caminho, pense onde você saiu, onde voce está e para onde você vai"*, o Dr. Jonas Malheiro Savimbi desapareceu por algum tempo no entanto, o MPLA e a FNLA, alegaram que todos os ataques feito no império português tinha sido por eles mas não, era a população determinada a forçar o império português a abandonar a colónia.

No dia 25 de Maio de 1963, a OUA (organização da unidade africana) foi fundada em Addis Abeba, Etiópia, a OUA respeitava mais a FNLA, porque a maioria dos membros eram negros, a maioria do MPLA eram brancos, mestiços que lutavam para conservar a riqueza dos seus pais, e os negros no MPLA eram inconscientes das estratégias dos brancos. Portugal enviou os seus espiões para a República Democrática do Congo e tentar deter os membros do MPLA e a FNLA, os espiões foram liderados pelo Almirante Rosa Coutinho que infelizmente capturado pela inteligência da República Democrática do Congo e passaram algum tempo na prisão, os portugueses negociaram a sua liberdade que o MPLA teve um papel prepunderante na ajuda nesta negociação com a República Democrática do Congo(Zaíre) até eles ganharem a liberdade. Os prisioneiros navais portugueses foram recebidos pelo MPLA por causa dos povos brancos na organização, como resultado o MPLA foi expulso da capital da República Democrática do Congo, antes chamado Léopoldville agora conhecido como Kinshasa.

A República Democrática do Congo, deu total apoio a FNLA porque a maioria dos membros eram do mesmo reino do Congo, o Dr. Holden Álvaro Roberto era o homem do momento em Angola que desfrutava a sua vida em Kinshasa com muitos carros luxuosos américano. O mundo testemunhou o povo negro morrendo na guerra colonial enquantos um dos seus líderes gosavam dos recurso da colónia no entanto, como diz o ditado; *"quando alguém morre, os outros sorriem"*, o MPLA perdeu o seu caminho, devido a FNLA na República Democrática do Congo e quase desapareceu ou se tornou fraco que na qual teve o apoio total da união soviética, Cuba e se reorganizou no Congo Brazzaville. O revolucionário internacionalista Che-Guevara, foi enviado para o Congo Brazzaville para ajudar o MPLA, o Che-Guevara conhecia todos os revolucionários neste tempo e acreditava que a FNLA tinha mais propósito na sua luta em Angola. Em 1964, o antigo líder do Congo Brazzaville o Massemba-Débat, planejava trair o MPLA que tentou várias vezes unir o Che-Guevara com o Dr. Holden Álvaro Roberto o líder da FNLA mas, o mesmo se recusou a falar com o Che-Guevara e disse: *"Eu sou um nacionalista e não um internacionalista como o Che-Guevara"*. O Che-Guevara, aconselhou o Dr. António Agostinho Neto a unir-se ao povo negro angolano, especialmente com os Dr. Jonas Malheiro Savimbi e Dr. Holden Álvaro Roberto porque era a única forma de a nação angolana ser forte, caso contrário o povo angolano sofreria muito no futuro proximo no entanto, o Che-Guevara sabia sobre a revolução.

O império português, sabia que o seu objectivo era salvaguardar os seus interesses em Angola, mas as palavras do Che-Guevara o condenou porque os portugueses não queria ver os negros unidos, o MPLA foi um movimento internacional em Angola que treinou muitos negros em torno de África para lutar como se fosse angolanos. O MPLA estava ligado a união soviética e Cuba, e a ideia do Che-Guevara de unir o povo negro de Angola, custou-lhe a vida, o império português sabia que se o MPLA perdesse, eles também perderiam as fortunas em Angola.

No dia 13 de Março de 1966, o Dr. Jonas Malheiro Savimbi reapareceu e anúnciou publicamente o seu movimento chamado UNITA (União Nacional para a independência total de Angola), o seu movimento para toda a Angola, porque o MPLA era apenas para os brancos e mestiços, e a FNLA era para o povo negro, mas principalmente do reino do Congo. Em todo o mundo, cada comunidade teve os seus representantes e Dr. Jonas Malheiro Savimbi dizia que a sua ação era para o bem e a liberação do povo angolano em todo território nacional mas, vimos que a sua luta era mais direcionada para o Sul de Angola, até porque ele sentia-se está parte territorial tinha sido deixado para trás pelo MPLA e a FNLA infelizmente.

O MPLA, FNLA e UNITA começaram a lutar entre si e esqueceram as suas lutas contra o império português, esta situação embaraçou-os e difícilmente poderam se compreender, por isso que o general Che-Guevara tentou evitar caos na sociedade angolana.

Este erro terrível foi destacado entre os nacionalistas angolanos, além disso, ouvimos que o Che-Guevara tinha morrido, era inacreditável que o grande e experiente homem revolucionário morreu de tal forma, o Che-Guevara foi traído pelo seu amigo Fidel Castro, em nome da união soviética, porque ele tentou unir os nacionalistas negros angolanos e assim foi morto.

A FNLA, a UNITA e também o povo negro dentro do MPLA se tornaram inúteis para o império português, cada movimento lutou para ser o mais poderoso, por causa do protagonismo respetivamente. No entanto, a FNLA foi apoiado pelo Estados Unidos da América, o MPLA foi apoiado por Cuba e a União Soviética e a UNITA foi apoiado e áliada pela República da África do Sul, a República da China e também os Estados Unidos da América, assim, o império português estava envolvido em todos os movimentos, na esperança de ser o principal líder de Angola. Em consequência, as nossas vidas eram caóticas no meio do comunismo, do socialismo e do capitalismo. O povo tentou remover o império português de Angola, mas ao mesmo tempo os imperiastas apoiaram a FNLA, a UNITA e o MPLA, isso foi inacreditável, talvez tenha sido o poder dos espíritos que nos destruíram novamente. O povo negro nunca aprendeu, esta geração ainda estava a cometer os mesmos erros e a viver com as consequências do passado. Particularmente, os reinos de Mucubai, Nhaneka, Kuanhama, N'Ganguela, Bailundo, Fiote, Kimbundu, N'Tututchokwé e o Congo são estes que formaram Angola.

MPLA, UNITA E FNLA

A FNLA, a UNITA e o MPLA, engoliram muitos outros movimentos, porque eles estavam bem preparados e o exército do império português estava com muito medo de lutar porque foram desafiados pelos movimentos e eles não sabiam o que fazer com estes três movimentos e com a população que estava atacar todos os lugares, a população atacou persistentemente, os três movimentos apareceram como mediadores, para lidar com o império. O Dr. Jonas Malheiro Savimbi fez um ataque muito bem-sucedido as bases do império e matou muitos soldados português e Portugal nunca esqueceu a morte dos seus soldados.

O antigo ditador cubano Fidel Castro disse ao antigo líder do MPLA Dr. António Agostinho Neto, *"não se preocupem este movimento chamado UNITA são camponeses e eles não vão a algures"* o antigo ditador Fidel Castro disse estas palavras porque a UNITA só tinha menos de cinco anos de experiência, com menos poder do que o MPLA e a FNLA. O império português deu mais experiência de vida política ao MPLA por causa dos brancos e mestiços, a FNLA preocupou o MPLA, porque o reino do Congo suportou-os. Cada movimento politico promovia o neupotismo nas posições mais elevada, não era importante se os promovidos tinham experiência ou não, eles ainda eram dados uma posição de importância. Muitos promovidos no MPLA foram chamados generais e ainda é hoje o partido com mas generais, aqueles sem nenhuma família promoviam amigos e amantes, os funcionários eram apenas aqueles sem familiares generais. Dentro do MPLA o povo branco e mestiços tinham as posições altas, eles foram escolhidos pelo império para proteger a riqueza em Angola, neste tempo não havia nenhuma possibilidade para que os angolanos negros se tornassem ricos ou milionários, o angolano negro lutaram para ser o primeiro rico em Angola e o império segurou está oportunidade para os destruir porque eram mais ricos, fortes e os senhores de Angola, tinham experiência política e estavam bem organizados. Qualquer povo negro ao seu lado tinha mais chance de ser credenciado, mas a FNLA e a UNITA não tinha nenhuma experiência política e eram desorganizados, o império tinha o control do povo negro desde o século XV e naturalmente quando eles formaram Angola no século XVIII, ninguém poderia desafiá-los porque a economia estava em suas mãos e qualquer movimento poderia ser destruido, os três movimentos apresentaram-se os único que lutam pela independência e mesmo tempo dependiam da experiência do império.

O MPLA, a FNLA e a UNITA apenas assistiam como a população reivindicava o país, sem nenhuma ideia o que fazer, a maioria dos angolanos que suportaram o MPLA foram e ainda são do sul, o exército do império tinha sofrido uma grande derrota em suas colónias, e particularmente em Angola os três movimentos entre a população reivindicavam o país. A comunidade estava determinada a expulsar o império da colónia com catanas como podemos ver a foto abaixo.

O império apenas assistiu como as suas bases foram atacadas pela comunidade ou um dos três movimentos. Em Portugal, os familiares dos militares que lutavam nas colónias exigiram ao regime do ditador António de Oliveira Salazar o seu regresso antes de serem todos mortos, estes familiares estavam muito zangados com o regime com o ditador porque desrespeitava até o povo branco em Portugal. As colónias e Portugal ficaram muito infelizes com o seu regime que esta preocupação se espalhou por todo o mundo por causa das coisas que o regime português do ditador António de Oliveira Salazar representava, muitos portugueses foram forçado de deixar o seu país Portugal para salvarem as suas vida, organizaram-se em outros países da Europa e rezavam para que as regras do regime ditador terminasse em Portugal, como resultado Portugal sempre teve manifestações para mostrar as infelicidades com as discórdias dos militares mortos nas suas colónias.

A pressão contra o regime em Portugal aumentava até que o exército do império português se recusou a morrer nas suas colónias, porque o exército dividiu-se em duas partes, aqueles militares anti-Salazar ao lado do povo portugueses e aqueles apoiantes do regime em Portugal que na qual começaram a matar muitos negros, colocá-los em prisões e envia-los para prisões em outras colónias. O capitalismo começou a crescer rapidamente e os Estados Unidos da América mostraram os seus benefícios que muitos países começaram a aceitar e isto mudava o mundo, e em Portugal aumentava as manifestações.

O coração do ditador António de Oliveira Salazar não aceitava a derrota e ele morreu, mas alguns militares proximo e fiéis a ele si recusaram a dizer a verdade para o resto do exército, os que não sabiam que o ditador tinha morrido a mêses acharam estranho a movimentação de certos generais e quando o exército completo descobriu a verdade alguns generais estavam muito zangados, os militares anti-ditador criaram o golpe de estado que causou a revolução do dia 25 de Abril de 1974. Isso derrotou o regime do ditador e ajudou o restos das colónias no continente africano, particularmente em Angola depois de ouvir-mos o que tinha acontecido em Portugal, os três movimentos começaram a criar pânico e forçaram o exército do império a tomar uma decisão.

Os prisioneiros angolanos enviados a Cabo-Verde na prisão de Terrafal assistiram as movimentações dos guardas do exército a abordá-los com rostos tristes, cada prisioneiro se perguntava o que estava acontecer sem qualquer ideia do que tinha acontecido em Portugal, os prisioneiros tinham medo, ansiedade e duvidas os guardas também estavam com medo de dar aos prisioneiros a notícia sobre a morte do ditador António de Oliveira Salazar, eles pensaram que poderiam atacar-los ou até mesmo matá-los, porque o pessoal da prisão se sentiu muito decepcionado com Portugal. Os prisioneiros eram controlados pelos rostos tristes e pelo silêncio dos guardas, eles olhavam-se um para os outros e esperavam quem pudesse dar a notícias aos prisioneiros sobre o que tinha acontecido em Portugal. Os prisioneiros pensaram, que hoje todos morreriam, por causa do olhar nos rostos dos guardas que procuravam palavras para dizer ou não sabiam como dar a notícia de que ditador não estava mais entre nós viventes fisico. Os prisioneiros esperavam em silêncio o mesmo que consumiam os guarda até um dos guarda assumir a responsabilidade de informá-los da morte do ditador e que prisioneiros estavam todos livres, nenhum dos prisioneiros acreditava que eles estavam em liberdade.

Os prisioneiros não esperavam que este dia aconteceria assim de repente, pôs ninguém brinca com a natureza, nada é difícil ou impossível, os prisioneiros demoraram muito tempo a compreender que era verdade, estavam livres e também a perceber o que tinha acontecido em Portugal. Os prisioneiros angolanos esperavam voltar para casa e ver os seus familiares, também se sentiram triste porque muitos angolanos morreram na prisão e perderam a chance de voltar a ver os rostos dos seus familiares para sempre neste planeta terra, as notícias da morte do ditador português se espalharam por todas as partes do mundo fundamentalmente nas colónias e o povo de Angola ficou muito feliz, na verdade era hora de sorrir porque depois de 400 ou 500 anos, muitos países africanos tiveram as suas independências, era hora de desfrutar da nossa liberdade e paz depois de uma luta muito longa e devastadora que nos despedaçou físico e espiritualmente.

A batalha continuou, o império observou as derrotas eles com as armas de fogo, aviões e tanques de guerra não conseguiam vencer um povo que lutava apenas com catanas, pedras, arcos e flechas porém, isto mostrou que a natureza fazia a sua própria justiça e a maioria dos brancos começaram a sair do país, também era muito triste para alguns deles uma vez que Angola era o seu país de nascimento infelizmente, eles tiveram que deixar todos os seus pertences para trás, que na qual tudo o que possuíam foi construído pela escravidão, esta questão aumentou o número de pessoas brancas que se inscrevessem no MPLA, ninguém no mundo quer perder a sua riqueza construida por muitos anos, suór e sacrificios, no entanto foi construído pela escravidão isso é diferente. Estes eram os brancos, que nasceram ou que tinham um negócio em Angola, ricos ou pobres, isso aumentou o combate a cada dia, o público queimou tudo na sua frente como por exemplo; fábricas, lojas, apartamentos, casas, carros, fazendas e muito mais.

Angola teve a melhor economia do império e Portugal tornou-se muito pobre, porque a tinham perdido, a população destruiu tudo o que podia e ocupou muitos outros. Os negros se mudaram dos musseques para o centro da cidade para casas e apartamentos em áreas atraentes e privilegiadas. Tudo o que eles ocuparam, foi construído pelos angolano negros quando eram escravos, eles poderiam agora começar a desfrutar dos seus trabalho duro. O povo negro nunca acreditou que um dia eles teriam a chance de desfrutar do seu trabalho no entanto, qualquer coisa pode acontecer neste mundo. Alguns membros do império deixaram os seus pertences com os seus melhores escravos ou digamos com os seus escravos mais confiáveis porque alguns acreditavam que um dia retornariam a Angola e devolveria tudo o que lhes pertencia.

De 1960 á 1974, o mundo viu muitos assassinatos em Angola, porque o povo negro reivindicava o seu país. O MPLA anúnciou que eles eram o único movimento a lutar pela independência de Angola, a FNLA fez o mesmo na República Democrática do Congo "antigo Zaíre", a República Democrática do Congo apoiou a FNLA porque eles eram o mesmo reino. Portanto, a luta foi entre o FNLA e o MPLA, mas as vítimas eram o povo, o MPLA apoiou o povo branco e mestiços, a FNLA apoiou o povo negro, especialmente aqueles do reino do Congo.

O tribalismo foi generalizado, nalgumas pessoas do Sul, e criaram a República de Nambuangongo para se protegerem no norte de Angola, mas foi desmantelada pelo MPLA e tornaram-se parte do império português dentro do MPLA. O MPLA, a FNLA e a UNITA, estavam a espera de uma decisão de Portugal sobre o que fazer com o país, o camarada Lúcio Lara, Iko Carreira, Pepetela, Paulo Gourge, Rui Monteiro e muitas outras pessoas mestiços e brancas eram pessoas muito influentes no MPLA, os negros não estavam contentes com o Dr. António Agostinho Neto, e eles esperavam por alguém para apoiar a sua causa.

Em Portugal, o senhor Américo Tomás, Marcello Caetano e outros membros do império, tentaram assumir a responsabilidade por Angola, com a morte do ditador mas, os seus planos falharam, porque o exército do império controlava Angola. Eles tinham um plano e queriam que a negociação fosse a favor do povo branco, por causa das riquezas e o Américo Tomás, foi forçado a renunciar e as negociações com os três movimentos em Angola, nunca aconteceu. O Exército, a força aérea e a polícia portuguesa tinham os seus planos para o que fazer com Angola, eles filiaram-se ao MPLA porque todos eles seriam pobres se tivessem de regressar a Portugal, os comandantes superiores no exército Português tomaram a responsabilidade para as negociações com o MPLA, a FNLA e a UNITA. O exército do império nomeou Almirante Rosa Coutinho para a descolonização de Angola, porque ele tinha espiado os três movimentos angolano na República Democrática do Congo que culminou com a sua prisão, ele foi a pessoa perfeita de Portugal para descolonizar Angola.

O MPLA, a UNITA e a FNLA viajaram a Portugal para negociar, isto levou cinco dias, no dia 15 de Janeiro de 1975 no Algarve em Portugal foi assinado o acordo de Alvor para a independência de Angola que foi dividido em quatro exemplares, cada movimento recebeu uma cópia, e Portugal reconheceu que os três movimentos estavam prontos para impulsionar o futuro dos angolanos. Angola se tornou um Estado de direito e soberano livre de Portugal, e os três movimentos se preparavam para a primeira eleição geral e especialmente para a batalha para a presidência. Mas o império português sabia que cada movimento queria poder e o MPLA era perfeito em seus olhos, porque eles tinham muitos membros brancos.

No entanto, os três líderes dos movimentos, sem qualquer conhecimento dos pensamentos do império, apenas assinaram o acordo de Alvor, que acabou por ser fraudulento. Muitos negros pensavam que Angola estaria no seu controlo, mas isto não era possível porque o império já estava infiltrado dentro do MPLA e os brancos sabia sem dúvida que se o país tivesse eleições o MPLA nunca ganharia, porque a FNLA e a UNITA representavam mas Angola por causa da negridade. O exército do império dentro do MPLA foi liderado pelo camarada Lúcio Lara, Iko carreira, Pepetela e mais pessoas mestiças e brancas, o império dentro do MPLA estava desesperado para governar o país novamente e este desespero perturbou-os, o exército do império prometeu ao Dr. António Agostinho Neto que estaria no poder. No entanto, a UNITA e a FNLA procuraram a mesma oportunidade de governar Angola mas, o MPLA como foi criado por pessoas brancas e mestiças para proteger a sua riqueza foi mais sucedido. A FNLA e a UNITA sabiam de antemão das intenções diabólica do MPLA, e cada movimento antes de regressar a Angola mativeram contactos com os seus áliado. O Dr. António Agostinho Neto foi para Cuba preparar o seu apoio militar e regressou a Angola e foi recebido com pompas e circunstância numa passeata por cima de um tanque de guerra do exército português, pronto para lutar como mostra a imagem abaixo.

O Dr. António Agostinho Neto, foi saudado pelo povo e chamado de presidente de Angola sem qualquer eleição no país, isto aconteceu por causa dos numerosos membros do exército do império dentro do MPLA que na qual faziam parte da jogada malévolo. Nenhum dos movimentos anteriormente tinham matérias bélicos de guerra, o MPLA ficou com todo armamentos do império português e começou a sufocar a população angolana com políticas ditadoriais, que talvez um dia a nova geração irá debater abertamente sobre a nossa triste e sagrenta história sem qualquer medo. O Dr. António Agostinho Neto, quando foi recebido em Luanda pelo povo o MPLA rebatou-se da seguinte maneira; *"nenhum líder em Angola teve uma recepção tão jubilante como a que nós tivemos"* no entanto, o MPLA mentiu, omitiu e denegriu Angola.

A UNITA liderada pelo Dr. Jonas Malheiro Savimbi, também teve uma saudável e calorosa recepção do povo angolano na província do Huambo, com se pode ver na foto abaixo. Além disso, a FNLA com o seu antigo líder Dr. Holden Álvaro Roberto, foi recebido na província do Uíge com uma grande alegria e magna estima dos bakongos.

A notícia do Dr. António Agostinho Neto como presidente de Angola difundiu-se no país que ele era o presidente de Angola, este facto deixou a FNLA e a UNITA muito irritado com o MPLA e tentaram explicar ao povo angolano o que estava acontecer. O império dentro do MPLA sabiam que seriam destruído para sempre no seio angolano que na qual Portugal começou a enviar milhares do exército portugues e cubano para Angola para ajudar o MPLA. O governo português afirmou categoricamente que; *"os militares portugueses apenas estavam indo a Angola para ajudar com as eleições".*

Infelizmente, o exército do império português e os cubanos nunca retornram ao seu países de origem e forçadamente se tornaram angolano membros do MPLA. O império começou a governar Angola novamente, com o Dr. António Agostinho Neto em frente do MPLA mas, as grandes desições vinham do ocidente uma vez que, o império controlava Angola, os membros do exército do império foram instalados em departamentos chave do estado angolanos e o povo negro desvanecidamente foi perdendo os seus objetivo. O império só queria de volta as nossas riquezas e o exército português dentro do MPLA isolou o Dr. António Agostinho Neto, que na qual ninguém estava autorizado a falar com o mesmo sem permissão do camarada Lúcio Lara, Iko Carreira e outros individuos traidores da pátria.

O Dr. António Agostinho Neto ficou muito triste pelo que viu no seio do MPLA, o império não concordava com a liderança da negritude que em 1975 havia dois grupos no MPLA, um para os negros e outro para os brancos todavia, os mestiços apoiavam maioritariamente os brancos, o Dr. António Agostinho Neto era praticamente inútil mas, o povo teve a certeza que ele é quem mandava em Angola mas, claramente que não era assim! ele era usado para o povo negro apoiar o MPLA, e o próprio Dr. António Agostinho Neto disse: *"que o acordo de alvor pela independência de Angola foi um dos pior erro ja assinado"*, mas ele esqueceu que teve reuniões secretas com o exército do império português, esqueceu-se de que ele tinha tornado presidente sem eleição e que o acordo de independência era totalmente uma farsa e falácia.

A FNLA e a UNITA apenas assistiram o que o MPLA estava fazer, o Dr. Jonas Malheiro Savimbi, disse: *"poderiamos aceitar qualquer coisa que o império queria em Portugal, mas quando regressarmos ao nosso próprio país, poderiamos mudar as leis a nosso favor"*. No entanto, quando voltaram ainda estavam sob domínio do império português.

O PRIMEIRO DITADOR

O MPLA liderado pelo exército do império português e os cubanos por tráz decidiram fazer com Angola o que ele desejavam sem consultar o Dr. António Agostinho Neto, a UNITA liderada pelo Dr. Jonas Malheiro Savimbi e a FNLA sob tutela do Dr. Holden Álvaro Roberto, também por de trás deles tinham o interesse estrangeiro que separou o país, por causa de suas ambições. Portanto, cinco dias não era suficiente para discutir cinco séculos de dominação mas, o MPLA violou o acordo de Alvor por causa do exército português dentro, é de relembrar que nenhum angolano negro tinha poder dentro do MPLA em 1975. O imperialista português em Luanda teve várias reuniões secreta para preparar as suas próximas estratégias, com a ajuda do camarada Lúcio Lara, Pepetela, Iko carreira, Rui Monteiro, Paulo Jorge e outros brancos e mestiços estavam pronto para usar e abusar de Angola.

O Amirante Rosa Coutinho, o responsável pela transição da independência de Angola fez tudo para que o MPLA trouxesse os milhares de tropas cubanos e soviéticos para apoiar o regime ditatorial do MPLA. A ditadura terminava em Portugal em 25 de Abril de 1974 e renascia nas suas colónias particularmente em Angola em 1975, estas mesmas tropas controlaram a província de Luanda e tentaram assassinar o Dr. Jonas Malheiro Savimbi e o Dr. Holden Álvora Roberto neste mesmo ano mas, o plano falhou e no dia 26 de julho 1975 a UNITA e a FNLA foram brutalmente expulso de Luanda pelo terroristas infiltrados no MPLA. Assim, começou a guerra, e o MPLA insensatamente culpou a FNLA e a UNITA de ter iniciado a guerra em Angola mas, não é verdade! É de relembrar que nenhum negro teve poder no partido dos camaradas porém, início da guerra foi as ambições do imperialista branco dentro do MPLA.

A UNITA liderada pelo Dr. Jonas Malheiro Savimbi, ao abandonar forçosamente a província de Luanda apareceu na província do Uíge no reino do Congo e Dr. Holden Álvaro Roberto, apareceu na província do Huambo no reino do Bailundo com tudo na fuga da preservação das suas vidas eles foram para diferentes tribos que na qual não-os pertência. O MPLA não conseguiu eliminar o Dr. Jonas Malheiro Savimbi e o Dr. Holden Álvaro Roberto os dois fora de Luanda então o MPLA fez de Luanda a capital de Angola, e começaram a centralizar todas as administrações de Angola em Luanda isto em 1975. A FNLA e a UNITA tentaram de várias formas impedir com que o MPLA proclamasse a independência no dia 11 de Novembro de 1975 mas, o exércitos português, os cubanos e os soviéticos impediram-lhes de chegar em Luanda na verdade foi o Nito Alves e outros heróis nacionais que travaram as grande batalhas especialmente do Kifangondo.

A FNLA e a UNITA não tinham tanques de guerra e os seus exércitos não estavam bem preparados para vencer os cubanos e consequentemente os soviéticos dentro do MPLA. O camarada Iko Carreira, planejava transferir a data de independência para o dia12 de Novembro de 1975, porque está data era o aniversário do seu filho nascido em Lusaka na capital da Zâmbia mas, isto foi rejeitado pelos outros membros do MPLA especialmente o Nito Alves, Zita Tiago, Bakalof, José Van-dúnem, Pedro Fortunato, Betinho e outros nacionalistas angolanos. Dr. António Agostinho Neto, foi forçado a ir para a praça da independência no dia 10 de Novembro as 23 horas para meia-noite anúnciar a independência de Angola, assim o fez, no dia 11 de Novembro de 1975 proclamou perante África e o mundo a independência de Angola, e o Brazil foi o primeiro país a reconhecer a Angola como uma nação soberana a zig zag (nascimento da ditadura angolana). A FNLA liderada pelo Dr. Holden Álvaro Roberto, nas mesmas hora proclamava a independência de Angola na província do Uíge e o

Dr. Jonas Malheiro Savimbi proclamava a independência de Angola na província do Huambo, isto foi e fez muita confusão na nossa nação, cada movimento anúnciou a sua independência em três províncias diferentes e separadamente por causa das ambições do partido dos camarada MPLA. É de relembrar mais uma vez que nenhum negro tinha poder de tornar Angola um estado ditatorial.

A história angolana tornou-se insignificante, sem o consenso da população e a guerra era inevitável. Os três movimentos o MPLA, a UNITA e a FNLA trouxeram a nossa liberdade através de suas hostilidades. Os angolanos perderam o seu sonho de experimentar as eleições pela priemira vez e ver o primeiro presidente eleito pelo povo, o império português dentro do MPLA controlava tudo e todos e muitos cantores(a), escritores(a) e compositors(a) prestaram homenagem ao Dr. António Agostinho Neto, e ele foi adorado pelos exércitos do império, os cubanos e os soviéticos mas o poder de Angola estava nas mãos dos brancos e mestiços particularmente o camarada Lúcio Lara, Iko Carreira, Rui Monteiro, Pepetela e outros fantoches. O MPLA dava início as suas matanças contra todos angolano(as) negro(as) que rejeitassem as ideologias ditatoriais do império dentro do MPLA, o novo estado estava formado mais era os brancos e mestiços que controlavam furiosamente Angola. Os angolano negro aprenderam nada com seu passado, mesmo sendo governado pelo império brutalmente e assassínio do colono português por mais de 400 anos. O MPLA faziam parte do império português, cubanos e os soviéticos que enviavam tropas para controlar plenamente a administração angolana, eles se tornaram governadores, administradores, chefes do exército, chefe da polícia, fuzileiros navais, forças aéreas, e muito mais categorias administrativas enquanto, os negros autóctone e genuínos angolano apenas assistiam o império português mais uma vez assumir o controle de Angola. O colono português conseguiu recuperar 70% dos seus pertences deixados em Angola e se riam dos angolanos negros especial do ditador Dr. António Agostinho Neto, o MPLA ou o império português controlava todo o poder especialmente das rádios e a televisão mas, o povo sempre pensou que fosse o Dr. António Agostinho Neto que tivesse o poder.

Neste momento, a UNITA tivera desaparecido por alguns tempo e a FNLA tentava lutar contra o MPLA mas, se esqueceu que não lutava com o MPLA mas sim com os seus grandes áliados, o MPLA assassinava pessoas, ia nas morgues buscar cadéveis e colocavam-os nas gileiras, nas arcas e mostravam na televisão, falavam nas radios e jornais que a FNLA come pessoas, quando o público via os corpos de pessoas na gileira e arcas dos membros da FNLA acreditavam no que o MPLA dizia mas, é claro que isto era uma pura falácia, a FNLA nunca comeu pessoas, isto era propaganda do MPLA e as mesmas propaganda que destruiu o império Grego com a entrada da Cleópatra em Roma infelizmente, os negros angolano acreditaram que a FNLA comia pessoas. Contudo, ainda em 1975 a FNLA perdeu a confiança do povo e também o seu apoio internacional, a FNLA sem qualquer defesa começou desaparecer e isto afetou novamente o reino do Congo, tudo por causa da propaganda do MPLA. O mesmo também tentou destruir a UNITA com as mesma estratégias mas, falharam porque quando a UNITA deixou a província de Luanda ou foi derrotada ainda em 1975, eles desapareceram e todas as acusações do MPLA foram desacreditadas.

O MPLA tornou-se o único movimento poderoso em Angola e o império começava a criar leis, o MPLA chamava Angola, República Popular de Angola, mas popular significa: *"terras sem lei"* o MPLA criou leis de acordo com o que eles queriam, também criou a bandeira da nação, baseando-se na bandeira do seu próprio partido MPLA como podemos ver abaixo.

O MPLA começou a inventar tradições para celebrar os feriados nacional baseando-se nos heróis tómbados e especialmente do MPLA incluindo com os feriados internacionais ainda assim, o partido dos camaradas criou a moeda angolana no dia 14 de Agosto de 1976 como por exemplo notas de vinte, cinquenta, cem, quinhentos e mil kwanza como podemos ver as notas abaixo. O MPLA deu a continuidade dos nomes do exército e mudou-se várias vezes antigamente era E.P.L.A (exército popular de libertação de Angola), depois F.A.P.L.A (forças armadas populares de libertação de Angola)... Dr. António Agostinho Neto foi introduzido pelo MPLA na geração que nascia em 1976 que na qual era designado como o pai da nação angolana, o fundador do MPLA, primeiro presidente do MPLA, primeiro presidente de Angola e muito mais falácia! Mas, obviamente que tudo isto passava de uma grande mentira do MPLA que é de relembrar que nenhum negro angolano tivesse poder dentro do MPLA.

Tudo, foi para o povo acreditar no velho Dr. António Agostinho Neto que ele era quem controlava o país, mas não! Isto não era verdade mas era parte da estratégia do colono dentro do MPLA para glorificar o usado Dr. António Agostinho Neto. O MPLA impôs a guerra em nossa sociedade, por causa da sua ambição de estar no poder e isso começou também muitas discordâncias entre eles que o primeiro ditador de Angola Dr. António Agostinho Neto, foi o primeiro ditador do mundo sem qualquer poder no país e era evitado de conversar com outros membros negros e mestiços do MPLA que começassem a perceber as estratégias do colono no seio deles e particularmente Nito Alves, Zita Tiago, Bakalof, José Van-dúnem, Pedro Fortunato, Betinho e outros emblemáticos indígenas porque, o Dr. António Agostinho Neto esteve sempre do lado dos brancos e certos mestiços para a realização dos interesses do colono. Porém, se ele conversasse com o Nito Alves, Zita Tiago, Bakalof, José Van-dúnem, Pedro Fortunato, Betinho e outros indígenas do MPLA que já haviam percebido as manobras do colono, os planos dos mesmo poderia ser destruídos. Estes mesmos indígenas tentaram conversar com o Dr. António Agostinho Neto sobre a sua ausência no seio deles mas sem sucesso eles pensaram que o Dr. António Agostinho Neto não queria dialogar com eles mas, não! O Dr. António Agostinho Neto, já estava a padecer psicologicamente e foram afastados tudo e todos aqueles que viam manipulação no seu próprio partido MPLA. Nito Alves, Zita Tiago, Bakalof, Pedro Fortunato, José Van-dúnem, Betinho e outros indígenas membros do MPLA que se sentiam afastados ficaram muito preocupados e descobriram que o Dr. António Agostinho Neto estava nas mãos do império português, é daí que os genuínos e defensores de Angola se perceberam que não era a FNLA e muitos menos a UNITA que deram início da guerra em Angola mais adiante, eles também descobriram que o império português estava por detrás de todas decisões do MPLA como se fosse o Dr. António Agostinho Neto a comandar mas sim, quem comandava era o Almirante Rosa Coutinho que podemos ver a foto na pagina a seguir no meio do Dr. António Agostinho Neto e Jonas Malheiro Savimbi.

Os conspiradores da pátria que estiveram no lado do colono são os camaradas Lúcio Lara, Pepetela, Iko Carreira e outros salvagens fingidos em nacionalistas.

O MPLA entrava em guerra entre eles que não bastava a guerra civil iniciada por causa do país ser governado outra vez pelo império português. O Dr. António Agostinho Neto e os verdadeiros pensadores da pátria se aperceberam que o império português é quem fabricou a idea de que a FNLA comiam pessoas e mutilavam crianças que na qual a FNLA e a UNITA eram inocentes a estas barbarás acusações perpertuada pelo MPLA.

Portanto, era muito tarde para destruir o império português dentro do MPLA até porque o mundo sabia que Dr. António Agostinho Neto e outros negros alienados proclamaram a independência de Angola. O Nito Alves, Zita Tiago, Bakalof, José Van-dúnem, Pedro Fortunato, Betinho e outros indígenas membros que se sentiam ignorados e injustiçados tentaram reclamar sobre quantidade de brancos português, cubanos e soviéticos dentro do MPLA que eles noutra horas apoiavam, e eles estavam a planejar manifestações nas ruas para mostrarem no povo as suas gravissimas preocupações sobre o perigo do estado da nação, que na qual foi a mesma preocupação do Dr. Jonas Malheiro Savimbi e Holden Álvaro Roberto. Eles acreditavam que o Dr. António Agostinho Neto, era um refém nas mãos do exército do império português dentro do MPLA apoiado pelos seus áliado, mas era tarde demais porque o país já estava nas mãos dos militares salazarista em Angola e ninguém tinha poder para desafiá-los. A FNLA e a UNITA foram bem derrotados que nenhum negro tinham escolha, e resultou mais uma vez numa estratégia do MPLA, desta vez contra os outros membros do mesmo partido MPLA que na qual foi similar a um golpe de estado e responsabilizaram esta acção aos próprios e defensores de Angola que na qual são; os nacionalistas Nito Alves, Zita Tiago, Bakalof, José Van-dúnem, Pedro Fortunato, Betinho e outros com a mesma ideologia indígenas dentro do MPLA, no entanto o império português conseguiu plantar uma semente de dúvida nas mentes do povo negro angolano sobre o Nito Alves, Zita Tiago, Bakalof, José Van-dúnem, Pedro Fortunato, Betinho e outros indígenas insatisfeito no MPLA.

Portanto, a estratégia foi um sucesso e o Dr. António Agostinho Neto disse; *"Agarrem-nos onde forem encontrados eles não merecem perdão e vão ser fuzilados em frente do povo"* que o império português liderado pelos camaradas Lúcio Lara, Iko Carreira, Rui Monteiro e outros não perderam a oportunidade de assassinar outros membros do MPLA conhecido como holocausto ou ainda se quisermos o fraccionismo ou o genocídio do dia 27 de Maio de 1977, a maioria e as verdadeiras flores do MPLA que pensavam no povo angolano foram todos assassinados.

Infelizmente, Dr. António Agostinho Neto, não esperava mas, ele ficou isolado e o único que pensava no povo angolano que em todas as reuniões tinha que mostrar ao mundo que ele era feliz mas, a tristeza o consumia porque não esperava ver o povo negro a sofrer outra vez, no seu discurso na província de Cabinda na libertação dos presos politico disse; *"não queremos que os operários e camponês ficassem so na produção mas sim, que eles também obtevessem poder de direitos"* e outro discurso na província da Huíla quando viu o povo angolano negro magros e desnutridos com escassez de viveres especialmente as crianças ele perguntou-se: *"porquê que lutamos pela independência se o nosso povo continua o sofrer erróneamente!"* e no encontro da O.U.A (Organização da União Africana) ele desmonstrou mais respeitos aos povos negros em África e alguém lhe contrariou-o dizendo! porquê que falas de respeito se os negros no seus país estão a ser assassinado e o colocaram as fotos dos assassinatos na mesa, porém Dr. António Agostinho Neto e a sua comitiva sairam do encontro da OUA muito envergonhados ele prometeu punir os responsavéis dos assassiníos em Angola dentro do MPLA. Infelizmente, ele não tinha poder e autoridade para puni-los que na qual a sua própria vida e dos seus filhos estavam em risco, e a unica solução era apenas seguir as regras do exército do império português. Para salvar a sua vida e dos filhos, ele tentou encontrar maneiras de contactar o Dr. Jonas Malheiro Savimbi e Dr. Holden Álvaro Roberto mas, sem sucesso e o império português descobria através de vários espiões no seu arredor e até mesmo a sua própria esposa que passava todas informções ao Lúcio Lara e a outros camaradas brancos e mestiços do MPLA.

O Dr. António Agostinho Neto, era um idealista, se ele falasse com o Dr. Jonas Malheiro Savimbi e Dr. Holden Álvaro Roberto, todos os planos do império português poderiam ser destruídos mas, o império português dentro do MPLA sabiam que haviam de ter muito cuidado que as listas de certos membros do MPLA que deveriam ser presos, mas a esposa do Dr. António Agostinho Neto quando viu ligou para o Lúcio Lara que a PID dentro do MPLA apareceu no palácio dando-lhe berros e chamada de atenção. O Dr. António Agostinho Neto, era visto como assassino, com muita tristeza e sozinho o Dr. António Agstinho Neto tornou-se alcoólatra, assim sendo o próprio sabia que o capitalismo governaria o mundo, o império português sabia que o Dr. António Agostinho Neto vivo poderia unir Angola com o capitalismo e o Dr. Jonas Melheiro Savimbi já encontrava-se no capitalismo, isto destruiria o comunismo e o leninismo em Angola que ex-ditador Fidel Castro aconselhou o Dr. António Agostinho Neto a ter muito cuidado com o império português dentro do MPLA, e também aconselhou a não ir para união soviética por qualquer motivo porque eles iriam matá-lo mas, era tarde de mais o Dr. António Agostinho Neto já estava cercado pelo exército do império português e soviético que na qual tornavasse mais dependente do álcool e lentamente assassinava-se ao poucos. Enquanto isso, os angolanos negros dentro do MPLA não tiveram qualquer poder e os planos do exército do império português com os seus áliados tornavasse um sucesso que acabaram por invenenar o Dr. António Agostinho Neto, então levaram-lhe para a união soviética onde acabou por morrer no dia 10 de Setembro de 1979.

O império português dentro do MPLA com os seus áliados eliminaram qualquer um que discordasse com eles. O MPLA ficou único partido a colocar regras em Angola e enviava muitos angolano negros para estudar em Cuba e na união soviética, o país era independente, mas nenhum dos negros indígenas tinham o poder e a autoridade. Os brancos portugueses que haviam deixado Angola regressaram porque não havia mais adversários ou negros a reclamar-se dos brancos dentro do MPLA, do país e todos os negros que ficaram era obedientes ao império português para terem sucessso dentro do partido, assim Portugal enviava mais tropas para Angola. O MPLA, criou a data 17 de Setembro feriado para celebrar o dia dos heróis nacionais em Angola, o MPLA eliminou na educação angolana o dia 15 de Janeiro de 1975, o dia em que os três movimentos que são; o MPLA, a FNLA e a UNITA assinaram o acordo de Alvor para independência de Angola, que na qual está data seria melhor para os heróis angolanos entre os Mucubai, Nhaneka, Kuanhama, N'Ganguela, Bailundo, Kimbundu, N'Tututchokwé, Fiote e bakongo e incluía o povo branco e mestiços que formaram Angola.

AGRADECIMENTO

Primeiramente, agredeço ao meu Deus nativo por todos os milagres acontecidos e os próximos da minha vida, obrigado aos meus famíliares e amigos que directa ou indirectamente, ajudaram-me a completar mais uma jornada do meu sexto livro. Forte agradecimento aos heróis nacionais do meu país, Angola que não tem papel suficiente para descrever os nomes de todos e também os heróis internacionais que contribuíram pela revolução da pele negra no mundo.

A universidade, The Open University pelos livros que estudei e serviram de inspiração para escrever os meus próprios livros e percebi como é a vida literária ao ler várias obras que formaram a história da humanidade especialmente, obras dos artistas angolano(a). Agradeço especialmente o reino unido, meu segundo país e as publicadoras por terém tornado os meus sonhos realidade; mesmo com as dificuldade da vida os livros estão disponíveis ao público. carissimo(a) leitor(a), Deus sempre olhou e como tem sempre olhado para realizarmos os nossos sonhos, e termino com as minhas sinceras, poucas e lindas palavras que na qual desejo ao nosso planeta saúde, paz, segurança, educação e amor, especialmente para Angola o meu berço.

REFERÊNCIA

www.club-k.net, www.angonoticias.com, www.angola24horas.com, www.makaangola.com e www.journalangolense.com

http://www.cphrc.org/index.php/documents/colonialwars/docang/ 85-1975-01-15-alvor-agreement-on-the-independence-of-angola

http://www.prweb.com/releases/2015/AngolaLightofPoet/prweb 12473230.htm

http://www.globalsecurityorg/military/world/war/angola.htm

http://www.globalsecurityorg/military/world/war/angola.htm

Prescott L. (Ed) (2010) *"The Voices and Texts of Authority"* (AA100 Book 04) The Open University Milton Keynes, MK7 6AA, United Kingdom.

Moohan E. (Ed) (2008) *"Reputation"* (AA100 Book01), The Open University Milton Keynes, MK7 6AA, United Kingdom.

Price C. (Ed) (2008) *"Tradition and Dissent"*, (AA100 Book 02) The Open University Milton

Keynes, MK7 6AA, United Kingdom.

Brown, D. R (Ed) (2008) *"Culture Encounters"* (AA100 Book 03), The Open University Milton Keynes, MK7 6AA, United Kingdom.

Moohan E. (Ed) (2008) *"Place and Leisure"* (AA100 Book 04) The Open University Milton Keynes, MK7 6AA, United Kingdom

O'Connor, J. (Ed) (2003) Doctor Faustus, Pearson Education Limited, Edinburgh Gate Harlow Essex, CM20 2JE.

Muldoon, P. (Ed) (2010) The Faber Book of Beats, contemporary Irish poetry lord Byron; selected poems.

The Holy Bible, Today's new International version

New Revised Standard Version Bible, copyright 1989, Division of Christian Education of the National Council of Churches of Christ in the United States of America.

Carreiro, I. (Ed) (2005) Memoria, Editorial Nzila, Ltd. Rua Ndunduma, 308 – 2° Caixa Postal 3462 Luanda-Angola.

"http://www.wikipedia.com/"wikipedia.com   http://africasacountry. com/2013/01/25/the-story about-the-daughter-of-angolas-lo...

Marques, R, (Ed) (2011) Diamantes De Sangue. Corrupção e Turtura em Angola, Tintas-da-China.

Chicamba João, M, D, (Ed) (2014) Angola Light of Poet, Pulicadora Xlibris.

Chicamba João, M, D, (Ed) (2016) Penxá Viver Poeta, Publicadora Grosvenor House Publishing Ltd.

Chicamba João, M, D, (Ed) (2017) Londindi Poeta, Publicadora Grosvenor House Publishing Ltd.

Chicamba João, M, D, (Ed) (2017) Angola Hard Times 1, Publicadora Grosvenor House Publishing Ltd.

Chicamba João, M, D, (Ed) (2019) Onguto Poeta, Publicadora Grosvenor House Publishing Ltd.

www.ingramcontent.com/pod-product-compliance
Lightning Source LLC
Chambersburg PA
CBHW042337040426
42447CB00017B/3464